从0创办你的公司

关天皓 ◎ 著

中国商业出版社

图书在版编目（CIP）数据

从 0 创办你的公司 / 关天皓著. -- 北京：中国商业出版社，2024. 11. -- ISBN 978-7-5208-3182-6

Ⅰ. F272.2

中国国家版本馆 CIP 数据核字第 20246GE672 号

责任编辑：杨善红
策划编辑：刘万庆

中国商业出版社出版发行
（www.zgsycb.com 100053 北京广安门内报国寺 1 号）
总编室：010-63180647　编辑室：010-83118925
发行部：010-83120835/8286
新华书店经销
香河县宏润印刷有限公司印刷

*

710 毫米 ×1000 毫米　16 开　14 印张　180 千字
2024 年 11 月第 1 版　2024 年 11 月第 1 次印刷
定价：68.00 元

****

（如有印装质量问题可更换）

前 言

新手启航，高手入海

当我第一次踏入创业这片神秘又充满魅力的领域时，心中的那份忐忑与憧憬并存。犹如初生的雏鸟，虽对广阔的天空充满好奇，但也深知其中隐藏着无数挑战与未知。同样，每一位准备创办公司的创业者，都面临着同样的心情——既有跃跃欲试的激情，也有对未知的恐惧和迷茫。

《从0创办你的公司》这本书，正是为那些怀揣梦想、准备踏上创业之路的新手量身打造的。它不仅仅是一本指导手册，更是一部陪伴创业者从新手到高手的成长宝典。在这里，你将学习到如何迈出创业的第一步，然后走稳接下来的每一步，即如何发现创业亮点，如何选择创业项目，如何确定创业基础，如何设计股权架构，如何开启经营，如何制订并执行有效的商业计划，如何进行最实用有效的营销推广，如何最大限度发挥公司现有的各项优势，如何规划与发展助力公司腾飞的人力资源，如何进行最为规范与适用的财税管理，如何面对和解决创业过程中的种种问题和挑战。

创业之初——新手启航

对于大多数创业者而言，创业之初都是一个充满挑战和困惑的时期。你可能已经有了一个初步的想法，但接下来的项目选择、权利分配、公司类型、公司注册等问题，往往让新手创业者感到无从下手。

在本书的开头部分，我们将详细解析创业初期的各个环节，帮助新手创业者明确自己的创业方向和目标，确定创业公司类型，结合创业者实际贡献制定出符合公司发展需要的权力构架，并手把手教创业者完成公司的注册。在本部分通过对创业基础知识的讲解和对案例的生动分析，将让创业者掌握创业初期的基本知识和技巧，为后续的创业之路打下坚实的基础。

创业之路——乘风破浪

一旦创业者的公司正式起航，接下来的道路将更加崎岖。市场环境的变化、竞争对手的压力、团队内部的矛盾……这些问题都可能让创业者的公司陷入困境。然而，正是这些挑战和困难，才让创业者实现了不断的成长和进步。

在本书的中间部分，我们将深入探讨创业过程中可能遇到的各种问题和挑战，并提供相应的解决方案和策略。无论是商业计划、融资策略、营销推广，还是在经营过程中发挥优势，我们都将为创业者提供实用的建议和指导。同时，我们还将通过丰富的案例分析和实战经验分享，帮助创业者更好地理解市场环境和竞争对手，掌握有效的竞争策略。

高手之路——入海破浪

对于那些已经成功度过创业初期并逐渐步入正轨的创业者来说，他们将面临更加严峻的挑战和更高的目标。保持团队的凝聚力和执行力、合法经营、规避风险等，这些问题需要创业者具备更高的智慧和能力。只有解决了这些问题，创业者的公司才能真正实现持续创新，并不断扩大市场份额。

在本书的结尾部分，我们将为那些已经步入高手行列的创业者提供更深入的思考和指导。我们将探讨如何制定并执行长期的人力规划、如何打造具备核心竞争力的财税管理、如何规避经营中极易出现的风险等。在这个过程中，我们将分享一些成功创业者的经验和教训，帮助大家更好地应对未来的挑战和机遇。

由此可见，《从 0 创办你的公司》这本书不仅仅是一本指导手册，更是一个陪伴创业者成长的良师益友。它见证了无数创业者的奋斗历程和成长轨迹，也记录了他们在创业过程中的思考和感悟。无论你是刚刚踏入创业领域的新手还是已经有所成就的创业者，这本书都将为你提供有益的启示和帮助。

同时，我们也希望通过本书建立起一个创业者的交流和分享平台。在这里，你可以结识来自不同领域和行业的创业者，大家分享彼此的经验和教训、探讨共同的问题和挑战。我们相信，在这个平台上，你将能够和志同道合的伙伴及支持者一起成长与进步。

在创业过程中，市场和技术环境都会不断发生变化，因此创业是一个不断适应变化的过程，创业者需要不断学习和更新知识。同时要求创业者必须保持敏锐的市场洞察力，及时发现市场机会和挑战，调整自己的战略部署。

在创业的道路上，每一个创业者都是一名孤独的航行者。然而，正如我们在大海中航行时需要依靠罗盘和地图一样，《从 0 创办你的公司》这本书也将成为你创业路上的重要指引和支持。它将陪伴你度过充满迷茫和困惑的创业初期，帮助你应对创业过程中的挑战和困难，引导你走向成功的彼岸。

最后，我想对所有准备踏上创业之路的新手说："不要害怕失败和困难，因为每一次的尝试和经历都将是你宝贵的财富。"只要你保持坚定的信念，坚持不懈地努力，就一定能够创造出属于自己的辉煌事业！

目 录

启动篇

第一章 发现商机：点亮创业之路 /2

创意来源的多样性 / 2

评估创意与选择标准 / 6

市场定位与差异化 / 8

创新点与竞争优势 / 11

创意的可持续发展性 / 14

第二章 项目选择：确定创业方向 /17

结合自己的兴趣点与优势 / 17

分析项目市场的需求和趋势 / 20

所在行业的进入门槛与竞争状况 / 23

评估技术与实现的可行性 / 26

项目成本与盈利模式的构建 / 29

寻找合适的合作和支持 / 32

第三章 公司类型：确定创业的架构 /35

个人独资企业：以个人财产对企业债务承担无限责任 / 35

有限责任公司：责任限制在投资金额内 / 38

股份有限公司：所有权和经营权由股东共同决定 / 40

普通合伙企业：全体合伙人的责任均不受限制 / 43

有限合伙企业：包含有限责任和无限责任两类合伙人 / 45

合资企业：都是有限责任公司 / 48

第四章 股权设计：将风险消灭在创业之初 /51

最佳股权分配策略 / 51

资本股与运营股分开计算 / 54

股权与经营权分离 / 56

股权激励与约束机制 / 59

股权变动与调整机制 / 63

退出条款应尽可能详尽 / 65

第五章 注册公司：开启合法经营之旅 /68

核名：成功从一个出色的名称开始 / 68

报审：每一样都很关键 / 71

验资：需要准备的资料 / 74

领照：老板生涯正式开启 / 76

刻章：各种印章的不同用途 / 79

办证：组织机构代码证和税务登记证 / 82

开户：开设日常使用的对公银行账户 / 85

税控：申办税控器，核定申请发票 / 88

社保：申请办理社会保险登记 / 90

商标：及时申请，公司的无形资产 / 93

记账：选择合适的代账公司 / 96

运营篇

第六章　商业计划：绘制创业蓝图 /102

　　市场分析与目标客户的确定 / 102

　　产品或服务的设计与定位 / 104

　　营销策略与推广渠道的规划 / 106

　　财务预测与投资回报分析 / 109

　　商业计划的调整与完善 / 112

第七章　融资方式：为创业提供资金保障 /115

　　资金需求与融资计划制订 / 115

　　创造有利条件，寻找长线投资人 / 118

　　多种融资途径，打开财源之路 / 120

　　融资的谈判技巧与风险防控 / 123

　　融资后资金的使用与管理 / 127

第八章　营销推广：提升品牌知名度与市场占有率 /130

　　营销目标与策略制定 / 130

　　广告宣传与品牌建设 / 133

　　升级思维，运用"搭船"战略 / 136

　　将现有模式模块化 / 138

　　制定代理模式或加盟模式 / 141

　　激起行业热度，争夺客户心智 / 143

第九章　发挥优势：打造核心竞争力 /147

　　自我评估与优势识别 / 147

　　优势在创业中的体现与应用 / 150

　　如何持续发挥并提升优势 / 153

团队协作与优势互补 / 156

优势转化为商业价值的策略 / 158

第十章 人才规划：打造高效团队 /161

招聘团队：通过各种渠道招募人才 / 161

培训发展：快速提升复制力 / 164

薪酬设定：薪酬结构与薪酬级差 / 166

绩效考核：运用科学的考核方法 / 171

激励机制：让员工主动、自发地工作 / 179

关系管理：高效团队的构建与维护 / 181

第十一章 财税管理：公司步入正轨的重要特征 /184

了解财务术语 / 184

看懂财务报表 / 188

熟悉记账方法 / 194

掌握税务登记流程 / 196

通晓公司缴税类别 / 198

明白公司报税流程 / 201

第十二章 风险管控：避开不必要的弯路 /203

有些概率是创业者无法挑战的 / 203

赚到第一桶金后应该注意什么 / 205

很少有人能承受的"三连击" / 208

高杠杆运营引发的经营危机 / 210

重大风险发生后，唯有断臂求生 / 213

启动篇

第一章　发现商机：点亮创业之路

▶ 创意来源的多样性

在创业的道路上，一个新颖、独特的创意往往是成功的起点。商机，简而言之，就是市场上尚未被充分满足的需求与机会。这些令人眼前一亮的创意并非凭空而来，而是来自多种不同的背景和领域。

行业经验与知识是创意的重要来源。通过深入研究行业趋势、市场需求、竞争格局等方面，创业者可以发现市场中未被满足的需求或潜在机会。行业知识的积累也能帮助创业者更好地理解客户需求，从而提出更具针对性的解决方案。因此，不断学习和积累行业经验与知识，对于激发创业创意具有重要意义。

个人兴趣与爱好是创意的另一个重要来源。当一个人对某个领域充满热情时，往往会投入更多的时间和精力去研究、探索和实践。在这个过程中，就可能会发现一些别人忽视的细节或问题，从而产生新的创意和想法。因此，创业者应该关注自己的兴趣和爱好，尝试将其与创业项目相结合，从而激发出更多创意。

跨学科或跨领域融合也是创意的重要来源之一。不同学科、不同领域之间的交叉与融合，往往能够使创业者产生新的思想和观点，为创业者提供独特的视角和灵感。例如，将科技与艺术相结合，可以创造出更具创新性的产品和服务；将心理学与商业管理相结合，可以更好地理解客户需求和市场趋势；将"互联网＋"与新一代新型服务集聚融合，是立足互联网技术实现跨界集成创新的重要入口；将生物智能与人工智能相结合，以实现更高效、更智能的计算和信息处理系统。因此，创业者应该具备跨学科、跨行业的知识背景，并善于将不同学科、不同领域的知识进行融合与创新。

此外，生活中的小细节和问题，也蕴含着丰富的创意和灵感。创业者应该具备敏锐的观察力和洞察力，善于从日常生活中发现问题并寻找解决方案，通过不断观察、思考和实践，积累更多的经验和知识，并逐渐形成自己独特的创意风格。同时，这种关注生活、解决问题的态度，也有助于培养创业者的创新思维和解决问题的能力。

由此可见，创意来源的多样性为创业者提供了广阔的思路和灵感源泉。而各种创意的碰撞与融合，也催生了众多的商机。下面将探讨点亮创业之路密切相关的七类商机：趋势商机、通用需求商机、价值发现性商机、关联性商机、文化与习惯商机、系统性商机和涨退型商机。

1.趋势商机

趋势商机是指随着社会发展、科技进步和消费观念变化而产生的新的市场需求。这类商机往往具有前瞻性和创新性，能够引领市场潮流。要把握趋势商机，创业者需要保持敏锐的市场洞察力，关注行业动态，紧跟时代步伐，不断探索新的商业模式和服务方式。

以近年来兴起的共享经济为例，这一趋势不仅改变了人们的消费习惯，也为创业者提供了广阔的商机。共享单车、共享汽车、共享充电宝等新型共享服务的出现，不仅满足了人们出行、充电等日常需求，也催生了新的产业链和商业模式。

2. 通用需求商机

通用需求商机是指那些在人类社会中普遍存在的、不会随时间和地点变化而消失的需求。这类商机具有稳定性和可持续性，是创业者可以长期依赖的商业基础。

在通用需求商机中，最为典型的是衣食住行等基本生活需求。无论是传统的餐饮业、服装业，还是新兴的互联网家居、在线购物等领域，都蕴含着巨大的商机。创业者可以通过不断优化产品和服务，提高用户体验，满足人们的日常需求，实现商业价值的持续增长。

3. 价值发现性商机

价值发现性商机是指那些原本存在但未被充分认识或挖掘的商业价值。这类商机具有隐蔽性和另类性，需要创业者具备独特的眼光和洞察力，能够发现市场中隐藏的商机并将其转化为商业价值。

例如，在二手市场，许多人认为二手商品价值有限，但一些创业者通过搭建平台、优化服务等方式，成功挖掘了二手市场的商业价值。他们不仅为消费者提供了方便、实惠的购物选择，也为卖家提供了便捷、高效的销售渠道。这种对市场价值的深入挖掘和重新定位，正是价值发现性商机的核心所在。

4. 关联性商机

关联性商机是指那些由某一事件或现象引发的、与之相关联的商业机会。这类商机具有偶然性和不确定性，但如果能够及时发现并抓住，往往能够带来意想不到的商业成果。

以体育赛事为例，每当有重大赛事举办时，周边产业如旅游、餐饮、住宿等都会迎来巨大的商业机遇。创业者可以通过与赛事组织方合作、开展特色活动等方式，吸引消费者关注并促进销售增长。这种对关联性商机的把握，需要创业者具备敏锐的市场触觉和快速的反应能力。

5. 文化与习惯商机

文化与习惯商机是指那些由特定文化或习惯引发的商业机会。这类商机具有地域性和民族性特征，对于不同文化背景下的消费者具有独特的吸引力。

例如，在一些传统节日期间，人们会有特定的消费习惯和购买需求。创业者可以通过开发符合节日氛围的产品或服务、开展特色促销活动等方式吸引消费者关注并促进销售增长。同时，也可以通过深入了解不同地域和民族的文化习俗和消费者需求，开发具有地方特色的产品或服务，以满足特定市场的需求。

6. 系统性商机

系统性商机是指那些需要多个环节、多个领域协同作用才能实现的商业机会。这类商机往往具有复杂性和综合性的特征，需要创业者具备全局观念和系统思维能力。

例如，在智慧城市建设中需要涉及多个领域的技术和应用，如物联网、大数据、云计算等，创业者可以通过整合各种资源和技术提供综合性的解决方案，以满足城市管理的需求。这种跨领域、跨行业的合作模式不仅有助于实现技术创新和产业升级，还能够为创业者带来更大的商业空间和更多的市场机会。

7. 涨退型商机

涨退型商机是指那些随着市场周期性波动而出现的商业机会。这类商机具有周期性和规律性特征，需要创业者具备有关市场趋势的准确判断和灵活应对能力。

在经济繁荣时期，人们的消费需求旺盛，此时，创业者可以通过扩大生产规模、拓展销售渠道等方式满足市场需求；而在经济衰退时期，创业者则需要通过优化产品结构、降低成本等方式保持市场竞争力。这种灵活应对市场变化的能力对于创业者来说至关重要,这不仅能够为其所创立的公司带来更大的发展机遇,而且当公司发展遇到困难时还能帮其渡过难关。

▶ 评估创意与选择标准

在创业的起步阶段,每位创业者都需要经过无数的创意激荡、反复打磨和实践尝试。然而,在众多闪烁的创意中,如何评估其潜力和价值,选出真正能够点亮创业之路的创意,是每个创业者都必须面对的挑战。本节将通过三个部分来详细探讨创意的评估步骤和选择标准,并以××科技有限公司为例来进行具体说明,具体如下。

1. 创意的评估步骤

第一步——市场调研与分析。在评估一个创意的潜力时,首先要进行的是市场调研与分析,包括了解目标市场的需求、竞争对手的情况、消费者的行为模式以及行业的发展趋势等。通过对市场数据的收集和分析,创业者能够初步判断创意的可行性和市场前景。

第二步——技术可行性评估。技术是创业过程中的关键因素,一个优秀的创意如果没有技术支撑,很难转化为实际的产品或服务。因此,在评估创意时,创业者需要评估所需技术的成熟度、可获取性以及自身的技术实力。

第三步——经济性分析。经济性分析是评估创意是否具有商业价值的关键步骤。包括成本估算、预期收益分析、投资回报率(ROI)计算等。创业者需要全面考虑创意在实施过程中的各种成本,并预测其未来的收益情况,以确保创意的经济可行性。

第四步——风险评估。创业过程中充满了不确定性,任何创意都存在一定的风险。因此，在评估创意时，创业者需要对潜在的风险进行识别、分析和评估，并制定相应的风险应对策略。

2. 选择标准

（1）是否具有创新性？创新性是创意的灵魂，是区别于市场上已有产品或服务的关键特征。在选择创业项目时，创业者应选择具有明显创新性的创意，以在激烈的市场竞争中尽快出位。

（2）是否具有市场潜力？市场潜力是评估创意是否具有商业价值的重要指标。创业者应选择具有广阔市场前景和增长空间的创意，以确保公司的长期稳定发展。

（3）技术是否具有可实现性？技术可实现性是评估创意是否可转化为实际产品或服务的关键因素。创业者应选择具备成熟技术支撑、可实施性强的创意，以降低技术风险。

（4）团队能力是否匹配？团队能力匹配度是评估创意是否适合当前创业团队的重要因素。创业者应根据团队成员的特长和经验，选择符合团队能力特点的创意，以提高项目的成功率。

3. 公司案例分析

一家以智能硬件研发为主的创新型科技公司，在成立初期，面临众多的创意和选择，但最终凭借正确的评估方法和选择标准，成功发现了最适合时代也最适合公司发展的商机。具体评估方法和选择标准如下。

一是在市场调研与分析环节，该公司在成立伊始就深入调研了智能硬件市场的发展状况和趋势。通过分析消费者对于智能家居、可穿戴设备等产品的需求变化，该公司发现智能安防领域具有巨大的市场潜力。

二是在技术可行性评估环节，确定了市场方向后，该公司对智能安防领域所需的技术进行了深入的分析和评估。经过对比多家供应商的技术方案和实际测试效果，该公司最终选择了具备高度稳定性和可靠性的技术方案。

三是在经济性分析环节，该公司对智能安防产品的研发和生产成本进行了全面的核算和预期收益分析。通过制定合理的定价策略和营销策略，该公司确保了产品的经济性和市场竞争力。

四是在风险评估与应对环节，在项目实施过程中，该公司对可能出现的风险进行了全面的识别和评估，并制定了相应的风险应对策略。例如，针对市场竞争激烈的问题，该公司加强了品牌营销和渠道拓展；针对技术风险，该公司与多家技术供应商建立了长期的合作关系，确保了技术方案的稳定性和可靠性。

经过数年的努力和发展，该公司凭借在智能安防领域的独特优势和创新能力，成功成为该领域的领军企业之一。其成功的关键在于能够准确评估创意的潜力和价值，并捕捉到真正具有市场前景和商业价值的商机。

综上所述，在创业的道路上，评估创意和选择标准至关重要。创业者应通过市场调研与分析、技术可行性评估、经济性分析和风险评估等方法来全面评估创意的潜力和价值；同时根据创新性、市场潜力、技术可实现性和团队能力匹配度等标准来选择最具前景的商机。通过科学的评估方法和合理的选择标准，创业者将能够发现真正的商机，由此点亮自己的创业之路。

▶ 市场定位与差异化

在竞争激烈的市场环境中，创业公司的成功往往取决于其能够准确地进行市场定位，并通过差异化策略在消费者心中树立独特的品牌形象。本节将以小米公司为例，探讨其在创业时期是如何通过敏锐的市场洞察和差异化的市场策略，成功抓住商机，实现快速增长的。

小米公司成立于2010年，由雷军带领一群年轻创业者共同创立。在创立之初，小米公司就明确了自己的市场定位：以技术创新为驱动，专注于智能手机等消费电子产品的研发与销售，为消费者提供高性价比的产品。这一定位使得小米在智能手机市场中脱颖而出，迅速获得了大量消费者的青睐。

先来看看小米公司的差异化策略。

首先是产品差异化。小米公司注重产品创新，从第一款产品开始，就不断推出具有竞争力的产品。其智能手机产品以高性能、高性价比著称，不仅满足了消费者对功能的需求，还提供了优质的用户体验。此外，小米公司还推出了智能家居、可穿戴设备等多元化产品，进一步扩大了市场份额。

在产品设计上，小米公司一贯注重简洁、时尚的风格，符合年轻消费者的审美需求。同时，小米公司还注重产品的实用性，不断优化产品功能，提高用户体验。

其次是品牌差异化。小米公司致力于打造年轻、时尚、科技的品牌形象。创业伊始便通过线上线下多渠道营销，成功吸引了大量年轻消费者的关注。为了增强这些年轻消费者的黏性，小米公司自诞生之日起，便注重与消费者的互动和沟通，通过社交媒体等渠道收集用户反馈，不断优化产品和服务。创始人雷军亲自下场，每天不管有多忙，他都会抽出时间在论坛里回复原始用户的问题；而小米公司的其他成员，也必须做到每日与用户沟通。可以说，小米公司如今的用户量，正是从那时候积累起来的，尤其是原始用户在其中发挥了巨大作用。

在品牌传播上，小米公司采用了"饥饿营销"的策略，通过限量销售、预约购买等方式激发消费者的购买欲望。同时，小米公司还通过举办

"米粉节"等活动增强用户黏性,提升用户对品牌的忠诚度。

最后是价格差异化。小米公司以"性价比"为核心竞争力,通过优化供应链管理、降低生产成本等方式实现产品的高性价比。这种价格策略使得小米产品在同类产品中具有明显的价格优势,吸引了大量对价格敏感的消费者。

在价格营销上,小米公司通过"闪购""限时抢购"等活动刺激消费者的购买行为,进一步提升了销量和市场份额。

如果在某一领域内可以做到产品差异化、品牌差异化和价格差异化三者取其一,公司就有了成功的基础。但小米公司却在这三个方面都做到了差异化,与其市场定位的绝对清晰密不可分。在市场定位方面,小米公司将技术创新、产品智能化和受众群体年轻化,深深植入公司的发展之中,市场的任何变动都不会撼动小米公司的这种市场定位,而后坚定践行其三位一体的差异化策略,最后辅以行业内超一流的服务定位,让小米的成功水到渠成。

为了便于大家更好地理解小米公司在市场定位与差异化策略基础上取得的成功,下面来看看其成功的案例。其实小米公司的成功案例,大家早已耳熟能详,但对于即将创业或者正在创业的你而言,分析一家公司的成功案例仍然是值得去做的事情,我们要从别人的成功中吸收对自己有益的部分,博采众长,打造出自己公司的市场定位与差异化。

在智能手机市场竞争日益激烈的情况下,小米公司推出了定位中低端的红米手机系列。这一策略使得小米公司进一步扩大了市场份额,同时也为更多消费者提供了性价比较高的智能手机选择。红米手机的成功推出不仅彰显了小米公司在产品创新方面的实力,也证明了其差异化策略的有效性。

随着物联网技术的不断发展,智能家居市场逐渐崛起。小米公司敏锐地捕捉到了这一商机，积极布局智能家居领域。通过推出一系列智能化且多元化的产品，小米公司成功地构建了一个智能家居生态系统。这一生态系统的构建不仅增强了用户黏性，也为小米公司带来了更多的商业机会和收入来源。

通过对小米公司的市场定位与差异化策略的分析，我们可以看出其成功的原因在于：准确地把握了市场需求和消费者心理；通过产品创新、品牌塑造和价格策略等手段实现了差异化竞争；不断拓展新的业务领域和产品线以满足不同消费者的需求。小米公司的成功，是 N 次不断创业成功的累积成果，世界上所有的顶级企业都是如此。相信这些成功经验，对于其他公司在创业和发展过程中都会具有极强的借鉴意义。

在未来的市场竞争中，公司应该持续关注市场需求的变化和消费者心理的演变，加强产品研发和创新能力，塑造独特的品牌形象和价值观，制定灵活多样的价格策略，积极拓展新的业务领域和产品线，只有这样才能在激烈的市场竞争中尽快脱颖而出，让公司从婴儿期走向发展期及至成熟期。

▶ 创新点与竞争优势

在商业领域，创新不仅是公司生存的关键，更是其创业时期发现商机、实现跨越式发展的重要手段。尤其在创业初期，公司必须找到独特的创新点，并以此为基础构建自身的竞争优势，这样才能获得脱颖而出的机会。这些创新点可能来源于技术、产品、服务、市场策略等多个方面，一方面能帮助公司发现商机，另一方面能确保公司在激烈的市场竞争中保持领先地位。

创业初期的公司，需要先以前瞻性思维洞察市场趋势，识别潜在商机，并从行业发展的角度把握未来的市场变化。此外，公司还需要深入了解目标消费者的需求和偏好，以便在产品设计、服务提供等方面找到创新的突破口。

某智能家居公司在创业初期，深入调研了传统家居行业结合智能化之后的痛点，如安装复杂、操作不便、智能化程度低等。基于这些发现，该公司决定从智能家居产品的创新点入手，研发出了一系列易于安装、操作简便、高度智能化的家居产品。这些产品不仅满足了消费者对智能家居的基本需求，还提供了更为舒适、便捷的生活体验。

在发现创新点的基础上，公司还需要构建独特的竞争优势，以确保在市场中能够迅速与竞品拉开层级差距。竞争优势的构建需要从多个方面入手，包括技术创新、品牌建设、渠道拓展等。

1. 技术创新

技术创新是公司构建竞争优势的关键。通过不断投入研发资源，公司可以开发出更为先进、更具竞争力的产品。以上述智能家居公司为例，该公司持续投入研发，不断推出新型智能家居产品，不仅提升了产品的性能和质量，还赢得了消费者的广泛认可。

2. 品牌建设

品牌是公司的重要资产之一。通过品牌建设，公司可以树立独特的品牌形象，提高消费者的认知度和忠诚度。在品牌建设方面，公司需要注重品牌故事的传播、品牌形象的塑造以及品牌文化的培育。以上述智能家居公司为例，该公司注重与消费者的情感联结，通过传播品牌故事和理念，树立了温馨、智能、高品质的品牌形象。

3. 渠道拓展

渠道拓展是公司扩大市场份额、提升品牌知名度的重要手段。在渠道拓展方面，公司需要注重线上线下的整合营销，以及与传统渠道和新兴渠道的融合。以上述智能家居公司为例，该公司通过与电商平台合作、开设线下体验店等方式，拓展了销售渠道，提高了产品的市场覆盖率。

创新点与竞争优势之间存在着密切的协同作用。创新点为公司提供了独特的产品和服务，为竞争优势的构建提供了基础；而竞争优势的构建则进一步巩固了公司的创新成果，提高了公司的市场竞争力。因此，在创业时期，公司需要注重创新点与竞争优势的协同作用，以实现持续发展。

近些年大获成功的特斯拉（Tesla），就是在创业时期找到了最有利于自身发展的创新点，并围绕创新点构建起了有深度的竞争优势。

特斯拉选择了电动汽车这一具有广阔市场前景的领域作为切入点，并致力于推动电动汽车技术的研发和创新。通过不断优化电池技术、驱动系统等方面，特斯拉的电动汽车在性能、品质、续航里程等方面都具备了明显的优势。同时，特斯拉还积极推动自动驾驶技术的研发和创新，实现了自动驾驶技术的突破，提高了产品的竞争力。

在销售模式方面，特斯拉采用了直营销售模式。这一模式不仅减少了中间环节，降低了成本，还使得特斯拉能够更好地控制产品质量和服务水平。通过直营销售模式，特斯拉能够直接向消费者提供高品质的电动汽车和优质的服务。

特斯拉在品牌塑造方面也下足了功夫。通过积极参与公益事业和环保活动，特斯拉提高了品牌的知名度和美誉度。此外，特斯拉还注重与消费者的互动和沟通，通过社交媒体等渠道收集用户反馈，了解消费者需求，不断优化产品和服务。这些举措使得特斯拉在消费者心中树立了良好的品牌形象和口碑。

特斯拉的成功证明了创新点和竞争优势对于创业成功的重要性。在创业初期，需要深入洞察市场趋势和消费者需求，发现创新点；同时，通过技术创新、品牌建设、渠道拓展等手段构建独特的竞争优势。这样，公司才能在激烈的市场竞争中迅速脱颖而出，实现持续发展。

▶ 创意的可持续发展性

在快速变化的商业环境中，公司的生存与发展不再仅仅依赖于短期的经济效益，而是更多地取决于长期的市场竞争力和社会责任。因此，公司创业时期的创意不仅要具有创新性，更要具备可持续发展性。

创意的可持续发展性指的是公司在创业初期所提出的创意能够长期保持竞争力，并在不断变化的市场环境中持续发展。这种可持续发展性不仅要求创意具有创新性，还要求其能够与社会、经济、环境等因素相协调，实现长期稳定的增长。

对于公司而言，创意的可持续发展性具有重要意义。首先，一个具有可持续发展性的创意能够为公司带来长期的竞争优势，吸引更多的消费者和投资者，避免被市场淘汰。其次，创意的可持续发展性还有助于公司树立良好的品牌形象，提升品牌知名度和美誉度的同时，也提高消费者的忠诚度和满意度。最后，这种可持续的创意能够为公司创造更大的社会价值，促进经济、社会和环境的和谐共生，实现经济效益与社会效益的双赢。

苹果公司作为全球知名的科技公司，在创业初期就凭借独特的创意和创新的产品赢得了市场的广泛认可。而苹果公司的成功，正是基于其创意的可持续发展性。

在创业初期，苹果公司提出了"Think Different"（不同凡响）的理念，强调以创新为核心，打破常规思维。这一理念在苹果公司的产品设计、营销策略等方面得到了充分体现。例如，苹果公司推出了首款个人电脑 Macintosh（Mac），该款电脑凭借其独特的图形用户界面和易用的操作体验，迅速在市场上脱颖而出。此后，苹果公司不断推出具有创新性的产品，如 iPod、iPhone、iPad 等，这些产品不仅在技术上实现了突破，更在设计和用户体验上树立了行业标杆。

在创意的可持续发展性方面，苹果公司做得尤为出色。为了保持产品的领先地位，苹果公司不断投入研发资源，加强技术创新和产品创新，并在此后的经营过程中始终守护着持续创新的精神。同时，苹果公司非常注重品牌建设和文化传承，其品牌形象以其简洁、时尚、高端的特点深入人心；并通过举办各类活动、推广企业文化等方式，不断巩固和扩大品牌影响力。此外，作为一家全球性的企业，苹果公司积极履行社会责任，关注环境保护、员工福利等议题。通过实施绿色生产、推动循环经济等措施，苹果公司在实现经济效益的同时，也为社会的可持续发展作出了贡献。

通过以上阐述和对相关案例的分析，我们已经能够比较全面地理解创意在公司创业中的重要性了，可以说只有以好的创意作为基础，公司的后续发展才能如期望的那样步步高升，也才能在市场上始终保持竞争力。那么，究竟该如何实现创意的可持续发展呢？我们给出如下几点建议。

1. 深入了解市场和消费者需求

通过市场调研、用户反馈等方式获取最新的市场信息和消费者需求，以便及时调整创意方向和产品策略。只有准确地把握市场的脉搏和消费者的需求变化，公司才能提出符合市场需求的创意并不断创新和完善产品。

2. 持续投入研发和创新资源

公司需要建立强大的研发团队，关注行业动态和技术发展趋势，积极探索新的技术路径和产品形态。在此基础上，公司必须不断投入研发资源，加强技术创新和产品创新，确保创意能够始终保持领先地位。同时，公司还需要加强与其他公司和研究机构的合作与交流，共同推动行业的创新和发展。

3. 加强品牌建设和宣传推广

公司必须注重品牌建设和宣传推广，通过树立独特的品牌形象和价值观吸引消费者的关注，提高消费者对品牌的认知度和忠诚度。同时，公司还需要通过举办各类活动、推广企业文化、积极参与公益活动和社会责任项目等方式，提高品牌影响力和社会声誉。

4. 寻求合作伙伴并关注社会责任

创意的可持续发展性需要公司具备强大的资源整合能力，因此公司需要积极寻求与政府、非政府组织、其他企业等合作伙伴的合作，共同推动创意的可持续发展。此外，公司还需要关注环境保护、员工福利等议题，并通过实施绿色生产、推动循环经济等措施，减少对环境的不良影响并为社会的发展作出贡献。

总而言之，创意的可持续发展性对于公司的长期发展具有重要意义。公司需要在创业初期就注重创意的可持续发展性，通过深入了解市场和消费者需求、持续投入研发和创新资源、加强品牌建设和宣传推广，以及寻求合作伙伴和资源整合等方式，确保创意能够长期保持竞争力，并在不断变化的市场环境中持续发展。同时，公司还需要不断地适应市场的变化和消费者的需求变化，不断创新和完善产品来满足市场需求并赢得消费者的信任和忠诚。

第二章　项目选择：确定创业方向

▶ 结合自己的兴趣点与优势

随着科技的迅猛发展，创业领域日新月异，为创业者提供了无数的机遇。然而，面对五花八门的创业项目，如何选择适合自己的创业方向，成了每一个创业者必须面对的问题。在此建议：创业者应该选择一个既符合自己兴趣点又能够发挥自身优势的创业项目。

1. 兴趣点——创业的原动力

兴趣是驱动人们不断前进的动力源泉，因此在选择创业项目时，兴趣点是创业者最直观且强有力的指南。一个与创业者兴趣点高度契合的创业项目，能够让创业者在面临困难时依然保持坚定的信念和持久的动力，并专注于项目的发展。同时，兴趣点也能让创业者在探索市场、研究产品时更加投入，更加容易发现潜在的机会与问题，更加深入地了解市场和消费者需求，从而做出更加明智的决策。

兴趣点往往与创业者的个人经历、学习背景以及生活体验紧密相关，可能源于对某个领域的热爱，也可能源于对某个问题的深入思考和解决欲望。在创业过程中，如果创业者对所从事的领域充满热情，这种情感将不可避免地影响到产品和服务的设计、推广与营销。消费者往往更容易被充满热情的创业者所打动，并愿意与之建立起深厚的情感联系，进而成为忠实的消费者和粉丝。此外，兴趣点还有助于创业者建立个人品牌，吸引志同道合的合作伙伴和投资者。

具体而言，兴趣点可以分为两种：一是对特定行业的兴趣，二是对特定技术的兴趣。对于前者，创业者需要深入了解行业的发展趋势、市场需求以及竞争格局，从而选择具有潜力的行业作为创业方向。对于后者，创业者则需要关注新技术的发展动态，并掌握新技术的应用场景和商业模式，以便在新技术领域找到适合自己的创业项目。

2. 优势——创业的坚实支撑

在选择创业项目时，除了考虑兴趣点外，创业者还需要认真评估自己的优势。优势既可以是技术技能、行业经验、资源人脉等方面的积累，也可以是独特的商业思维和市场洞察力。这些优势能够帮助创业者在市场中立足，并为项目的成功打下坚实的基础。同时，优势还能够使创业者在面对困难和挑战时更加从容和自信，从而更好地应对各种挑战。

具体来说，技术优势可以帮助创业者打造出更加优秀的产品和服务，满足消费者的需求；行业经验可以让创业者更好地理解市场、规避风险；资源人脉可以为创业者提供更多的商业机会和合作可能性；独特的商业思维和市场洞察力则能够让创业者在复杂多变的市场环境中，做出更加精准的判断和决策。

因此，创业者需要认真评估自己的技能、经验、资源和人脉等方面的优势，选择能够充分发挥自己优势的创业项目。

具体而言，优势可以分为四种：一是技术优势，如拥有独特的核心技术或掌握前沿技术；二是经验优势，如在特定行业或领域拥有丰富的经验和专业知识；三是资源优势，如拥有强大的资金实力、广泛的资源网络和优秀的团队；四是市场优势，如对市场趋势有深刻的理解和敏锐的洞察力。

在选择创业项目时，创业者应该根据自己的优势选择能够发挥自己长处的项目。例如，拥有技术优势的创业者可以选择研发新技术产品或提供技术服务；拥有市场优势的创业者可以选择开发具有市场前景的产品或服务。这样不仅能够降低创业风险，提高成功率，还能让创业者在竞争中脱颖而出。

3. 公司案例分析——马克·扎克伯格与Facebook

扎克伯格在大学期间就对编程和互联网技术产生了浓厚的兴趣，他利用课余时间自学编程知识，并成功开发了多个在线应用程序。这些经历不仅锻炼了他的编程能力，也培养了他对互联网技术的敏锐洞察力。

在大学期间，扎克伯格发现了校园内的一个问题：学生们缺乏一个有效的交流平台来分享信息和交流想法。他意识到这是一个巨大的市场需求，并决定利用自己的编程技能来解决这个问题。于是，他开始着手开发一款名为"Facebook"的社交媒体应用程序，允许用户在线发布个人信息、照片和视频等内容，并与其他用户进行互动和交流。

在开发过程中，扎克伯格充分利用了自己的优势：强大的编程能力、丰富的行业知识以及对市场需求的敏锐洞察力。他不断优化产品设计和用户体验，使Facebook逐渐成为学生们喜爱的社交工具。随着用户数量的不断增加，Facebook也逐渐扩大了其市场影响力，成为全球非常受欢迎的社交媒体平台之一。

扎克伯格的创业经历为我们提供了宝贵的启示。他通过结合自己的兴趣点与优势，选择了一个具有巨大市场潜力的项目，并充分发挥了自己的技能和经验。他的创业经历告诉我们：在选择创业项目时，创业者应该充分考虑自己的兴趣点和优势，找到既符合自己兴趣又能够发挥自己优势的项目，以提高项目的成功率和竞争力。

总之，创业者应该深入了解自己的兴趣点和优势所在，并结合市场需求和竞争态势做出明智的决策。同时，创业者还应该不断学习和提升自己的技能和能力，以应对日益复杂多变的市场环境，并勇于挑战自己的极限，实现更大的成就。

➤ 分析项目市场的需求和趋势

在如今日益繁荣的商业环境中，创业已经成为许多人实现梦想和追求财富的重要途径。然而，创业并非易事，其核心在于选择一个具有市场前景和潜力的项目。本节将通过深入探讨如何分析项目市场的需求和趋势，来为创业者提供科学、合理的项目选择依据。

1. 市场需求分析

一个优秀的创业项目必须能够准确捕捉市场需求，以满足目标客户的真实需求。因此，创业者需要对目标市场进行深入研究和分析。

（1）目标客户定位。在选定创业项目之前，首先要明确目标客户群体。通过市场调研、问卷调查、回访等方式，了解目标客户的年龄、性别、职业、收入水平、消费习惯等信息，从而准确把握客户的需求和偏好。

（2）需求识别与验证。在了解目标客户的基础上，创业者需要进一步识别客户的具体需求。这些需求包括产品功能、价格、品牌、服务等方面。通过对比竞品、收集用户反馈等方式，验证这些需求的真实性和紧迫性。在需求识别和验证的过程中，创业者需要注重数据的真实性和准确性，避免被虚假信息误导。

（3）市场规模与增长潜力研判。通过分析行业报告、市场趋势等数据，创业者可以了解行业的整体规模和增长趋势，以及目标客户群体的数量和增长速度。同时，也要关注潜在的市场机会和竞争对手的情况。

2. 市场趋势分析

市场趋势是影响创业项目成功的另一重要因素。通过对市场趋势的敏锐洞察和把握，创业者就可以及时调整策略，抓住机遇，实现快速发展。

（1）技术创新趋势。随着科技的不断发展，新的技术不断涌现，为创业项目提供了更多的可能性。创业者通过关注新技术、新工艺、新材料等领域的最新动态，了解技术创新的趋势和方向，可以为创业项目提供技术支撑和竞争优势。

（2）消费趋势。随着经济的发展和人们生活水平的提高，消费者的需求也在不断变化。创业者通过关注消费者的生活方式、价值观、审美观念等方面的变化，可以预测未来市场的消费趋势和需求变化；关注消费者的购物习惯、支付方式等方面的变化，以便调整自己的营销策略和运营模式。

（3）政策法规趋势。政府的政策支持和引导对于创业项目的成功至关重要。创业者通过关注政策法规的变化和趋势，可以了解政府对于相关行业的态度和支持力度，这些态度和支持的力度能为创业项目提供政策保障和发展机遇；关注政策法规的监管要求和合规标准，以便确保自己的项目符合法律法规的要求。

3. 公司案例分析

广脉科技是一家致力于提供信息通信技术服务综合解决方案的高新技术公司。该公司的成功在很大程度上得益于其对项目市场需求和趋势的准确把握。

广脉科技在创业初期就深入分析了信息通信行业的市场需求和趋势。随着5G技术的快速发展和普及，该公司敏锐地洞察到了5G技术对通信行业的巨大影响。于是，广脉科技迅速调整了自己的业务方向和战略重心，将重点放在了5G新基建、ICT行业应用集成服务、铁路信息化和泛智能终端等领域。这些领域正是5G技术发展的热点和趋势所在，具有广阔的市场前景和潜力。

在具体的项目选择上，广脉科技充分考虑了市场需求和趋势。例如，在铁路信息化领域，该公司针对高铁建设和运营的需求，推出了一系列智能铁路信息化解决方案。这些方案不仅满足了高铁建设和运营的需求，还提高了高铁的运营效率和安全性。在5G新基建领域，广脉科技则积极与运营商合作，参与了多个5G基站建设和网络优化项目。这些项目不仅为运营商提供了高质量的网络服务，还为广脉科技带来了可观的收益。

除了项目选择外，广脉科技还注重技术研发和创新。该公司投入了大量资金和资源用于技术研发和创新，不断提升自己的技术实力和核心竞争力。通过与高校、科研机构等合作，广脉科技不断引进新技术、新工艺和新材料，并将其应用于自己的产品和服务中。这些创新产品和服务不仅满足了市场需求和趋势，还为广脉科技赢得了更多的客户和市场份额。

通过以上分析可以看出，分析项目市场的需求和趋势是创业项目选择的关键环节。创业者应该通过深入的市场调研和分析，了解目标客户的需求和偏好，以及市场趋势和发展方向。在此基础上选择合适的创业项目，并制定科学的营销策略和发展规划。同时，创业者也应该具备敏锐的市场洞察力和应变能力，以便在市场竞争中抓住机遇实现快速发展。广脉科技的成功经验，为我们提供了有益的启示和借鉴，我们可以从中吸取经验和教训，为自己的创业之路提供指导。

▶ 所在行业的进入门槛与竞争状况

创业项目的成功与否，不仅取决于其市场需求和潜在发展趋势，还深受所在行业的进入门槛和竞争状况影响。本节将详细探讨行业进入门槛和竞争状况对创业项目选择的影响，并结合金刚石微粉行业的惠丰钻石进行深入分析。

1. 行业进入门槛分析

行业进入门槛是指新创业者进入某一行业时所面临的一系列障碍。这些障碍可能来自技术、资金、人才、政策法规等多个方面。不同行业的进入门槛各不相同，对于创业者而言，了解所在行业的进入门槛，是判断项目可行性的重要依据。

（1）技术门槛，是进入某一行业所需具备的技术水平和技术能力。在某些行业中，因为技术门槛较高，所以需要投入大量的研发资金和时间，才能掌握核心技术。对于技术密集型行业，如生物技术、高端制造业等，技术门槛尤为重要。如果创业者不具备相关技术能力，那么即使市场前景再好，也难以成功进入该行业。

金刚石微粉行业的技术门槛相对较高，主要体现在生产工艺、设备以及研发能力上。惠丰钻石在进入这一行业前，就已经拥有了先进的金刚石微粉生产技术，包括超硬材料的制备、粒度控制、纯度提升等关键技术。

（2）资金门槛，是进入某一行业所需投入的资金规模。不同行业的资金门槛各不相同，一些行业需要投入大量资金进行设备采购、研发、市场推广等。对于资金密集型行业，如房地产开发、基础设施建设等，资金门槛尤为重要。如果创业者缺乏足够的资金支持，那么即使具备相关技术能力，也难以在该行业中立足。

金刚石微粉行业需要投入大量的资金用于研发、设备购置、市场推广等方面，以至资金门槛相对较高。惠丰钻石在进入该行业时，就充分认识到了这一点，于是制定了合理的资金规划和使用策略。通过多渠道融资、优化成本结构、提高生产效率等方式，惠丰钻石成功地降低了资金压力，确保了项目的顺利进行。

（3）人才门槛，是进入某一行业所需具备的人才资源和人才结构。在某些行业中，人才门槛较高，具备专业知识和技能的人才才能胜任相关工作。对于人才密集型行业，如IT、金融等，人才门槛尤为重要。如果创业者无法吸引和留住优秀人才，那么即使拥有资金和技术，也难以在该行业中取得竞争优势。

金刚石微粉行业对人才的要求也很高，需要人才具备材料科学、化学、机械工程等多方面的专业知识。惠丰钻石在人才储备上下了大力气，从国内外知名高校和研究机构引进了大批优秀人才，建立了专业的研发团队和管理团队。同时，惠丰钻石还注重人才培养和激励机制建设，为员工提供了良好的工作环境和发展空间。

（4）政策法规门槛，是进入某一行业所需遵守的政策法规和相关要求。不同行业的政策法规门槛各不相同，一些行业受到政府的严格监管和限制。对于政策法规门槛较高的行业，如医疗健康、环保等，创业者需要深入了解相关政策法规，以确保自己的项目符合相关要求，并避免违规操作带来的风险。

金刚石微粉行业的政策法规门槛主要包括行业准入政策、产品质量标准、环保政策和税收优惠政策等。惠丰钻石在进入此行业之前就做足了功课，制定了相关流程和管理制度，以确保生产经营全流程都能严格遵守相关政策法规，并确保其产品的质量是环保达标。此外，惠丰钻石还注重技术创新和知识产权保护，通过积极申请相关专利，来保护自身的技术成果。

2. 行业竞争状况分析

行业竞争状况是指行业内公司之间的竞争程度。不同的行业竞争状况各不相同，对于创业者而言，了解所在行业的竞争状况，有助于制定更为有效的市场策略，提高项目的成功率。

（1）竞争对手分析。创业者需要深入了解竞争对手的产品、技术、市场策略等方面的情况，评估自身与竞争对手的差距和优势。通过对比分析，创业者可以制定更具针对性的市场策略，并以此提高自身的竞争力。

金刚石微粉行业的竞争对手众多，其中不乏实力雄厚的大型企业。惠丰钻石在进入该行业时，就对竞争对手进行了深入的分析和研究。通过了解竞争对手的产品、技术、市场策略等方面的信息，惠丰钻石找到了自身的优势和不足，并制定了针对性的市场策略和产品战略。

（2）市场占有率分析。市场占有率是衡量公司竞争力的重要指标之一，市场占有率越高，说明公司在市场中的份额越大，竞争力越强。创业者需要关注所在行业的市场占有率情况，了解行业内主要企业的市场地位和市场份额。通过市场占有率分析，创业者可以了解自身在市场中的位置，为制定市场策略提供依据。

惠丰钻石创业初期进入该行业时，面临着市场份额的争夺。凭借自身先进技术和优质产品，惠丰钻石逐渐在市场上树立了良好的品牌形象，稳步扩大了市场份额。惠丰钻石初期市场占有率虽不高，但可以保证生存下去，再凭借持续的创新和营销策略，让市场占有率逐步提升，显示出了强大的发展潜力。

（3）竞争格局分析。竞争格局是指行业内企业之间的竞争态势和关系。不同的行业竞争格局各不相同，创业者需要了解所在行业的竞争格局，并判断自身所处的位置和竞争环境。在竞争格局分析中，创业者可以关注行业内主要企业的竞争策略和合作情况，这能为自身制定有效的市场策略提供参考。

金刚石微粉行业的竞争格局相对复杂，既有传统的价格战、质量战等竞争方式，也有技术创新、品牌建设等新型竞争方式。惠丰钻石在竞争中充分发挥自身的优势，注重技术创新和品牌建设，不断提高产品的技术含量和附加值。惠丰钻石还积极与行业内其他企业开展合作与交流，共同推动行业的健康发展。

综上所述，惠丰钻石在进入金刚石微粉行业时，充分考虑了行业的进入门槛和竞争状况，并制定了合理的战略规划和市场策略。通过不断的技术创新和市场拓展，惠丰钻石逐渐在行业中树立了自己的品牌形象和市场地位，成了金刚石微粉行业的佼佼者，并于2022年7月19日在北交所成功上市。

总之，在选择创业项目时，理解行业进入门槛，如技术、资金、人才和政策法规要求，对于判断项目的可行性和成功机会至关重要。同时，评估行业竞争状况，包括主要竞争对手、市场占有率以及竞争格局，有助于创业者制定有效的市场策略。创业者应综合考虑进入门槛和竞争状况，选择具有发展潜力和竞争优势的创业项目，以实现创业成功。

▶ 评估技术与实现的可行性

创业项目最终能否成功，不仅取决于市场的需求和竞争态势，也取决于技术与实现的可行性。本节将从技术与实现的可行性角度出发，探讨创业项目选择的相关问题，并结合在偏光片领域具有深厚技术积累和研发实力的纬达光电进行深入分析。

1. 技术可行性的评估

（1）技术成熟度。它是技术从研发到实际应用所需经历的阶段和成熟度水平。在评估技术可行性时，首先要考虑技术的成熟度。技术的成熟度越高，应用前景就越广阔，项目实施的风险就越低。对于创业者而言，选择技术成熟度较高的项目，可以降低技术风险，提高项目的成功率。

纬达光电在进入偏光片行业时，做了深度的市场调查并咨询了相关专家，了解到偏光片行业已经具备较为成熟的生产技术和设备。纬达光电进一步通过自主研发和引进国际先进技术，使得公司的偏光片生产技术达到了行业领先水平。具体数据显示，纬达光电的高耐久染料系偏光片已在85℃和85%RH高温高湿环境中通过1000小时老化测试，这一技术指标超过了同行业大部分企业。

（2）技术创新能力。技术创新能力越强的项目，越有可能在市场上取得竞争优势。在评估技术创新能力时，需要关注项目的技术创新点、创新程度和创新难度。同时，还需要考虑项目的技术创新能否得到市场的认可和支持。

纬达光电在创业期评估技术创新能力时，以未来思维考量自身的研发实力和行业发展趋势。通过不断的技术创新和产品研发，成功研发出多款具有自主知识产权的偏光片产品，其中高耐久染料系偏光片已成为公司的拳头产品。此外，纬达光电还积极拓展产品的应用领域，如新能源智能汽车仪表、新能源电力仪表等绿色新能源领域场景，为公司的发展开辟了新的市场空间。

（3）技术团队实力。一个强大的技术团队可以提供技术支持和创新动力，帮助项目克服技术难关。在评估技术团队实力时，需要考虑团队成员的技术背景、经验、能力和协作精神等。一个优秀的技术团队可以为项目的成功提供有力保障。

纬达光电在评估技术团队实力时，充分考虑了团队成员的专业背景、工作经验和团队协作能力。公司自创业伊始便组建了一支高素质技术团队，成员均具备丰富的偏光片行业经验和专业技能。为确保后续发展始终具备技术支撑，纬达光电还积极引进高层次人才和专家顾问，让公司的技术创新和产品研发得到了有力支持。

2. 实现可行性的评估

（1）市场需求。一个项目能否成功，关键在于其产品或服务是否能够满足市场需求。在评估市场需求时，需要考虑目标市场的规模、增长潜力、消费者需求以及竞争对手的情况。通过深入了解市场需求，创业者可以判断项目的市场前景和潜力。

纬达光电在进入偏光片行业前，对市场需求进行了深入的调研和分析。根据市场调研数据，纬达光电发现随着液晶显示技术的不断发展和应用领域的扩大，偏光片的市场需求将持续增长。纬达光电凭借先进的生产技术和优质的产品质量，成功满足了市场需求，并在市场上树立了良好的品牌形象。

（2）资源与条件。在评估实现可行性时，需要考虑项目所需的资源、设备、资金、人力等是否充足。同时，还需要关注项目的外部环境因素，如政策环境、市场环境、社会环境等。只有充分考虑资源和条件因素，才能确保项目的顺利实施。

纬达光电所具备的雄厚的资金实力和先进的生产设备，为产品的研发和生产提供了有力保障。同时，纬达光电与多家优质供应商建立了长期稳定的合作关系，确保了原材料的稳定供应和成本控制。

（3）商业模式。一个合理的商业模式可以帮助项目更好地整合资源、降低成本、提高效益。在评估商业模式时，需要考虑项目的收入来源、成本结构、竞争策略以及盈利模式等多个方面。通过不断优化商业模式，项目可以实现可持续发展。

为了能将项目顺利进行下去，纬达光电采用了最适合实际发展需求的直销和代理相结合的销售模式，并积极开拓国内外市场。同时，纬达光电也十分注重客户服务和售后支持的建立与完善，从公司创立便对客户满意度与忠诚度格外关注。此外，公司还通过开展产学研合作和技术创新，来不断提升自身的核心竞争力和市场地位。

综上所述，纬达光电在技术和实现可行性方面均表现出色。通过深入的技术研发和市场开拓，该公司成功成为偏光片行业的领军企业，这为其他创业者提供了宝贵的经验和启示。

总之，在创业项目选择过程中，创业者需要综合考虑技术成熟度、技术创新能力、技术团队实力以及市场需求、资源与条件、商业模式等因素，选择具有潜力和可行性的项目。通过借鉴纬达光电等成功企业的经验，创业者可以更好地把握市场机遇，达成创业目标。

▶ 项目成本与盈利模式的构建

在创业项目的选择过程中，项目成本与盈利模式的构建是两个至关重要的考量因素。合理的成本控制与有效的盈利模式不仅可以为创业者带来经济效益，也是确保公司长期稳定发展的关键。

在创业过程中，过高的成本会导致公司盈利能力下降，甚至可能引发资金链断裂的风险。因此，创业者需要高度重视成本控制，可以通过科学合理的成本管理策略，降低运营成本，提高盈利能力。成本控制策略可以分为如下步骤。

第一步——市场调研与分析。在创业之前,创业者需要进行充分的市场调研与分析,了解市场需求、竞争态势以及目标客户群体的消费特点。通过市场调研,创业者可以明确产品定位和市场需求,避免盲目投资和生产,从而降低生产成本和库存成本。

第二步——精细化管理。创业者可以通过优化生产流程、提高生产效率、降低能耗等方式,降低生产成本。同时,公司还可以通过精细化管理提高员工工作效率,降低人力成本。

第三步——供应链管理。创业者需要选择合适的供应商,并建立长期稳定的合作关系,以确保原材料的质量和价格稳定。同时,公司还需要加强库存管理,避免库存积压和浪费,以降低库存成本。

第四步——技术创新。通过引进新技术、新工艺和新设备,公司可以提高生产效率和产品质量,降低生产成本。技术创新还可以帮助公司开发新产品、拓展新市场,提高盈利能力。

创业者需要树立成本控制意识,从项目启动之初就要注重成本预算和控制。通过精细化管理、优化生产流程、提高生产效率、降低能耗等方式,降低生产成本,提高盈利能力。同时,创业者还需要关注库存管理和供应链管理,避免库存积压和浪费。

在创业过程中,一个有效的盈利模式不仅可以为公司带来稳定的收入,还可以提高公司的市场竞争力和品牌影响力。因此,创业者需要重视盈利模式的构建,选择适合自己的盈利模式。盈利模式包括但不限于产品销售模式、广告收入模式、订阅服务模式、平台服务模式等。

盈利模式的构建策略可以参考以下各项。

(1)深入了解市场需求。创业者需要深入了解市场需求和竞争态势。通过市场调研和分析,了解目标客户的需求和偏好,选择适合自己的盈利模式。

（2）创新产品和服务。创业者需要不断创新产品和服务，提高产品的附加值和竞争力。同时，公司还需要关注行业发展趋势和技术创新动态，并以此及时调整自己的盈利模式。

（3）建立合作伙伴关系。创业者需要积极寻求合作伙伴，并与其建立长期稳定的合作关系。通过与合作伙伴共同开拓市场、分享资源和技术创新等方式，来形成互利共赢的局面。

（4）注重用户体验和服务质量。公司需要注重用户体验和服务质量，提高用户满意度和忠诚度。通过提供优质的产品和服务，来吸引用户长期合作并支付费用。

在构建盈利模式时，创业者需要注重创新，避免简单地模仿他人。通过深入了解市场需求、关注行业发展趋势和技术创新动态，创业者可以选择适合自己的盈利模式，并结合自身资源和优势进行创新和优化。同时，创业者还需要注重用户体验和服务质量，提高用户满意度和忠诚度，这能为盈利模式的成功实施提供有力保障。

下面以某互联网公司为例，分析其在项目成本与盈利模式构建方面的成功经验。该公司专注于互联网领域的创新和发展，通过技术创新和商业模式创新实现了快速发展和盈利增长。

该公司注重成本控制和精细化管理。在市场调研和分析的基础上，公司明确了产品定位和市场需求，避免了盲目投资和生产。同时，公司采用先进的生产技术和设备，提高了生产效率和产品质量。在人力资源管理方面，该公司注重员工的培训和发展，不断提高员工工作效率和团队凝聚力。在供应链管理方面，公司与多家优质供应商建立了长期稳定的合作关系，确保了原材料的质量和价格稳定。

该公司在盈利模式构建方面采用了多种策略。首先，公司注重产品创新和服务升级，不断提高产品的附加值和竞争力。其次，公司积极开展广告业务和增值服务业务，通过向用户提供多元化的服务实现盈利增长。此外，公司还积极参与行业合作和生态建设，与其他企业共同开拓市场、分享资源和技术创新成果。

综上所述，通过合理的成本控制和有效的盈利模式构建，公司可以实现稳定的经济效益和长期发展。对于创业者来说，需要高度重视这两个方面，并在实际操作中结合市场需求、技术创新、合作伙伴关系等多方面因素进行综合考虑和决策。

▶ 寻找合适的合作和支持

在创业的道路上，选择合适的项目仅仅是第一步。一个成功的创业项目，除了需要创新性的想法和坚实的市场需求基础外，更需要寻找到合适的合作伙伴和强有力的支持。这些合作伙伴可以是资金的提供者、技术的支持者、市场的开拓者，或者是行业经验的分享者，他们能够为公司提供资金、技术、市场等多方面的帮助，使项目得以顺利实施和快速发展。

创业者需要积极寻求合作伙伴，并与其建立长期稳定的合作关系。通过与合作伙伴共同开拓市场、分享资源和技术创新成果，形成互利共赢的局面。寻找合适的合作伙伴的方式如下。

第一步——明确合作需求。在寻找合作伙伴之前，创业者首先需要明确自己的合作需求，包括所需的资源类型（如资金、技术、市场等）、合作伙伴的行业经验、地域要求等。只有明确了合作需求，才能更有针对性地寻找合适的合作伙伴。

第二步——广泛收集信息。创业者可以通过参加行业会议、加入专业社群、浏览行业网站等方式，了解行业内的企业、专家、投资者等潜在合作伙伴。同时，也可以通过社交媒体等渠道，与潜在的合作伙伴建立联系。

第三步——筛选潜在合作伙伴。在收集到大量信息后，创业者需要对潜在合作伙伴进行筛选。包括对合作伙伴的资质、经验、资源、信誉等方面进行评估，选择那些与自身项目需求匹配度高、实力强大的合作伙伴。

第四步——建立联系并深入沟通。在筛选出合适的合作伙伴后，创业者需要主动与他们建立联系，并进行深入沟通。通过沟通，了解对方的合作意愿、合作模式、预期目标等，可以进一步确认双方的合作可能性。

在建立合作伙伴关系时，创业者需要注重合作伙伴的信誉和实力，以确保合作伙伴能够为公司带来实质性的帮助和支持。

在创业项目中，除了合作伙伴的支持外，还需要获取其他方面的支持，如政府政策、投资机构、行业协会等。这些支持能够为项目提供资金、政策优惠、市场渠道等多方面的帮助。具体可以参考以下几点。

（1）了解政府政策。创业者需要关注政府发布的创业政策、税收优惠、人才引进等方面的政策信息，并了解如何利用这些政策降低创业成本、提高项目竞争力。

（2）寻求投资机构支持。创业者可以通过向投资机构展示项目的创新性和市场潜力，来吸引他们投资。投资机构能为公司提供专业的投资建议和战略指导，从而帮助公司快速成长。

（3）利用行业协会资源。行业协会是连接企业与政府、市场的桥梁。创业者可以加入行业协会，利用协会的资源优势，获取行业动态、政策信息、市场渠道等方面的支持。行业协会能为公司提供培训、交流等机会，可以帮助公司提升综合实力。

以某创新型科技公司为例，该公司在创业初期面临资金、技术和市场等多方面的挑战。然而，通过积极寻找合适的合作伙伴和获取多方面的支持，该公司成功摆脱了初创期的困境，实现了快速发展。具体而言，该公司进行了三个方面的工作。

首先是合作伙伴的选择。公司选择与一家在行业内具有丰富经验和强大技术实力的公司进行合作。通过合作，公司获得了先进的技术支持和市场渠道，降低了技术研发和市场推广的成本和风险。同时，合作伙伴的丰富经验也为公司提供了宝贵的建议和指导，帮助公司更好地应对市场挑战。

其次是政府政策的利用。该公司密切关注政府发布的创业政策，积极申请税收优惠、资金扶持等方面的政策支持。这些政策降低了公司的运营成本，提高了项目的竞争力。同时，公司还积极利用政府搭建的创业服务平台，获取行业动态、融资对接等方面的支持。

最后是投资机构的支持。该公司成功吸引了一家知名投资机构的投资。投资机构不仅为公司提供了必要的资金支持，还为公司提供了专业的投资建议和战略指导。这些帮助使公司在技术研发、市场推广等方面取得了显著进展。

总而言之，通过明确合作需求、广泛收集信息、筛选潜在合作伙伴、建立联系并深入沟通等步骤，创业者可以寻找到合适的合作伙伴；通过了解政府政策、寻求投资机构支持、利用行业协会资源等途径，创业者可以获取多方面的支持。这些合作与支持能够为项目提供资金、技术、市场等多方面的帮助，使项目得以顺利实施和快速发展。因此，在创业过程中，创业者需要注重寻找和获取合适的合作与支持，以实现项目的成功和公司的长远发展。

第三章　公司类型：确定创业的架构

▶ 个人独资企业：以个人财产对企业债务承担无限责任

在市场经济环境下，企业组织形式多种多样。其中，个人独资企业以其独特的经营模式和法律地位在市场中占据了一席之地。本节将深入探讨个人独资企业的特点，重点分析投资者（创业者）如何以其个人财产对企业债务承担无限责任，并比较个人独资企业与个人独资公司的区别，以期为读者提供对这一企业组织形式更为全面的认识。

1. 个人独资企业的概念及特征

个人独资企业，作为一种特殊的企业形态，依据《中华人民共和国个人独资企业法》的规定，其是在中国境内设立，由单个自然人进行投资，所有资产均归投资者个人所有，投资者以其个人财产对企业债务承担无限责任的经营实体。这一企业形式具有以下几个显著特征。

（1）投资主体单一性。个人独资企业的投资主体是单一的，即只能由一个自然人进行投资。这一特征使得企业的所有权和控制权高度集中，便于投资者进行灵活的经营决策。

（2）资产归投资者所有。个人独资企业的所有资产，包括经营所得、财产权利等，均属于投资者个人所有。投资者对企业的经营收益享有完全的所有权，同时也需承担企业的经营风险。

（3）投资者承担无限责任。个人独资企业的投资者以其个人财产对企业债务承担无限责任。当企业的财产不足以清偿债务时，投资者需以个人其他财产来清偿债务，直至债务全部清偿完毕。

2. 个人独资企业承担无限责任的内涵

个人独资企业的投资者承担无限责任，意味着企业的债务风险与投资者的个人财产紧密相连。这一责任形式体现了法律对于个人独资企业的特殊规制，旨在保护债权人的合法权益，维护市场经济秩序。

首先，无限责任体现了法律对于个人独资企业投资者风险承担能力的认可。由于个人独资企业的投资者是唯一的，且所有资产均归其所有，因此投资者必须具备相应的风险承担能力。当企业面临债务风险时，投资者必须以其个人财产来承担清偿责任，以确保债务得到及时清偿。

其次，无限责任有助于保护债权人的合法权益。在市场经济中，债权人作为资金的提供者，其权益应得到充分保障。个人独资企业投资者承担无限责任，意味着当企业财产不足以清偿债务时，债权人可以向投资者个人追偿。这一规定有助于增强债权人的信心，促进资金的流动和市场的健康发展。

最后，无限责任体现了法律对于市场经济秩序的维护。在市场经济中，企业间的竞争是激烈的，但竞争必须遵循公平、公正的原则。个人独资企业投资者承担无限责任，有助于防止企业过度举债、过度扩张等行为，从而维护了市场经济的稳定和健康发展。

3. 个人独资企业与个人独资公司的比较

个人独资企业和个人独资公司是两种不同的企业形式，它们在组织形式、法律责任和税收征缴方面存在明显的区别。以下是对这两种企业形式的比较分析。

（1）组织形式。个人独资企业不具有法人资格，名称不得使用公司、合伙企业字样，一般可以用场、厂、店、中心、工作部、工作室等。个人独资公司一般是指一人有限公司中的自然人独资公司，名字应为"××有限责任公司"，具有法人资格，并以其出资额为限对公司债务承担有限责任。

（2）法律责任。个人独资企业不具有法人资格，也不具有独立的法人人格，不能独立承担责任，自然人出资人对个人独资企业的债务负有无限责任。而个人独资公司具有独立的法人资格，股东仅以其出资额（认缴注册资本）为限承担法律责任，公司能够独立承担责任。

（3）税收征缴。个人独资企业不缴纳企业所得税；企业投资者缴纳经营所得税目的个人所得税，从个人独资企业经营中分回的利润不再缴纳分红税目下的个人所得税。而个人独资公司则需要缴纳企业所得税；股东不缴纳经营所得税目的个人所得税，从公司取得分红缴纳分红税目的个人所得税。

综上所述，个人独资企业作为一种特殊的企业形式，以其独特的经营模式和法律地位在市场中发挥着重要作用。投资者以其个人财产对企业债务承担无限责任，既体现了法律对于个人独资企业投资者风险承担能力的认可，也有助于保护债权人的合法权益和维护市场经济秩序。

总之，选择个人独资企业还是个人独资公司，抑或其他企业组织形式，均取决于个人的需求和业务的具体情况。如果业务规模较小，对法律责任和资本要求不是特别敏感，个人独资企业可能是更好的选择。如果业务规模较大，需要更明确的法律责任划分和可能的融资需求，个人独资公司可能更适合。

▶ 有限责任公司：责任限制在投资金额内

在现代商业环境中，公司组织形式多种多样，每一种都有其特点和独特的优势。其中，有限责任公司作为最常见和受欢迎的公司形式，其"责任限制在投资金额内"的核心特点，为投资者（创业者）提供了清晰的风险边界和更大的经营灵活性。本节将详细阐述有限责任公司的概念、特点、运营机制以及与其他公司形式的比较，目的是让读者对这种公司组织形式有更全面深入的了解。

1.有限责任公司的概念及特征

有限责任公司，简称有限公司，是一种由股东共同出资、共同经营、共享利润、共担风险，并以其认缴的出资额为限对公司债务承担有限责任的公司。其"责任限制在投资金额内"的特点，使得投资者在参与公司经营的同时，不必担心个人资产会因公司债务而受到牵连。这种公司组织形式具有以下几个显著特征。

（1）股东责任有限。有限责任公司的股东仅以其认缴的出资额为限对公司债务承担有限责任。这意味着，无论公司债务规模多大，股东都无须以个人全部财产来清偿，只需承担其出资额范围内的责任。这一特点降低了投资者的风险，激发了他们的投资热情。

（2）公司法人地位。有限责任公司是一个独立的法律实体，具有独立的财产权和经营权。公司以其全部财产对公司的债务承担责任，这使得有限责任公司能够像自然人一样，独立地参与各种民事活动，并在其中享有相应的权利，承担相应的义务。

（3）股东人数和资本要求。有限责任公司的股东人数有一定的限制，一般为 50 人以下（含 50 人）。此外，设立有限责任公司需要达到法定的注册资本要求，并需按照公司章程的规定按期缴纳出资。这一要求确保了公司的稳定性和持续发展能力。

2. 有限责任公司的运营机制

有限公司的运营机制可以概括为"三会一治"，即股东会、董事会、监事会、公司治理，具体解释如下。

（1）股东会。股东会是有限责任公司的最高权力机构，由全体股东组成。股东会行使公司的最高决策权，如选举和更换董事、监事，审议批准公司的利润分配方案等。股东会的决策以股东出资比例为基础进行表决，体现了资本多数决定的原则。

（2）董事会。董事会是有限责任公司的执行机构，负责公司的日常经营和管理。董事会成员由股东会选举产生，对股东会负责并报告工作。董事会成员在董事会会议上通过表决方式形成决策，执行公司的经营方针和计划。

（3）监事会。监事会是有限责任公司的监督机构，负责监督董事会的执行工作以及公司的财务状况。监事会成员由股东会选举产生，对股东会负责并报告工作。监事会成员有权列席董事会会议并对董事会的决策提出质询和建议。

（4）公司治理。有限责任公司实行公司治理制度，即通过明确的权责划分和制衡机制来确保公司的稳健运营。公司治理制度包括股东权利保护、董事会决策程序、监事会监督职能以及公司内部控制等方面。这些制度旨在实现公司的长期稳定发展，并保护投资者的利益。

3. 有限责任公司与其他公司形式的比较

与其他公司形式相比，有限责任公司在责任承担、经营灵活性以及法律地位等方面具有明显优势。

（1）与个人独资企业相比。个人独资企业的投资者需以其个人全部财产对企业债务承担无限责任，风险较高。而有限责任公司的投资者以其认缴的出资额为限对公司债务承担有限责任，风险较低。此外，有限责任公司具有独立的法人地位，能够像自然人一样参与各种民事活动并享有相应的权利。

（2）与合伙企业相比。合伙企业的合伙人需对企业债务承担无限连带责任，即一个合伙人无法偿还其应分担的债务时，其他合伙人需承担连带责任。而有限责任公司的股东仅以其出资额为限对公司债务承担责任，无须承担连带责任，降低了投资者的风险。此外合伙企业缺乏独立的法人地位，其运营受到合伙协议的约束。而有限责任公司则具有独立的法人地位，能够独立参与各种民事活动，并享有相应的权利和经营灵活性。

（3）与股份有限公司相比。股份有限公司的股东人数众多，且股份可以自由转让，导致其股东之间的信任关系较为薄弱。而有限责任公司的股东人数相对较少，且股东之间通常具有较为紧密的信任关系，有助于保持公司的稳定性和凝聚力。此外，股份有限公司的设立门槛和运营成本较高；而有限责任公司的设立门槛相对较低，适合中小型公司采用。

综上所述，有限责任公司以其"责任限制在投资金额内"的核心特点，为创业者提供了清晰的风险边界和更大的经营灵活性。其独特的运营机制和法律地位，使得有限责任公司在现代商业环境中具有广泛的应用价值。对于创业者而言，选择有限公司作为公司组织形式，既可以降低投资风险，又可以实现公司的稳健发展和长期利益。

▶ 股份有限公司：所有权和经营权由股东共同决定

在现代公司制度的演变中，股份有限公司作为一种重要的公司组织形式，以其独特的所有权和经营权结构，在全球范围内得到了广泛的应用。其核心理念是所有权和经营权由股东共同决定，这一原则为公司的稳定运营和持续发展提供了坚实的制度基础。本节将对股份有限公司的定义、特点、运营机制以及优势进行深入探讨。

1. 股份有限公司的概念及特征

股份有限公司，简称股份公司，由一定数量的股东共同出资组成，股东以其认购的股份为限对公司承担责任，公司以其全部资产对公司的债务承担责任。股份有限公司的主要特点包括以下内容。

（1）股份发行与转让。股份有限公司可以通过发行股份的方式筹集资金，且这些股份可以自由转让。这一特点使得公司能够迅速扩大规模，吸引更多的投资者参与。

（2）所有权与经营权分离。在股份公司中，所有权和经营权是分离的。股东通过持有公司股份拥有公司所有权，但公司的日常经营和管理则由专业的管理团队负责。这种分离有助于提高公司的运营效率和专业性。

（3）股东共同决定。股份有限公司的所有权和经营权虽然分离，但重大决策仍由股东共同决定。股东通过股东大会行使权利，选举产生董事会和监事会，并对公司的重大事项进行表决。这种机制确保了公司的决策能够充分反映股东的利益和意愿。

2. 股份有限公司的运营机制

股份公司的运营机制可以概括为"三会一层"，即股东会、董事会、监事会、高级管理层，具体解释如下。

（1）股东大会。股东大会是股份公司的最高权力机构，由全体股东组成。股东大会负责审议和决定公司的重大事项，如选举和更换董事、监事，审议公司的年度报告和财务报告等。股东大会的决策采用资本多数决的原则，即按照股东所持股份的比例进行表决。

（2）董事会。董事会是股份公司的执行机构，负责公司的日常经营和管理。董事会成员由股东大会选举产生，对股东大会负责并报告工作。董事会成员通常具备丰富的管理经验和专业知识，能够为公司的发展提供有力支持。

（3）监事会。监事会是股份公司的监督机构，负责对董事会的工作执行情况以及公司的财务状况进行监督。监事会成员也由股东大会选举产生，对股东大会负责并报告工作。监事会成员应具备一定的审计和会计知识，以确保公司的经营活动符合法律法规和股东的利益。

（4）管理层。公司由管理层负责日常运营和管理。管理层成员由董事会任命，并在董事会的领导下开展工作。管理层成员需要具备丰富的行业经验和专业知识，要能够制订出有效的经营策略和管理方案。

3. 股份有限公司的优势

股份有限公司作为一种重要的公司组织形式，具有以下优势。

（1）筹集资金能力强。股份有限公司可以通过发行股份的方式筹集大量资金，这可以为公司的扩张和发展提供有力的支持。同时，股份的自由转让性也使得公司能够迅速扩大规模并吸引更多的投资者参与。

（2）所有权与经营权分离。股份有限公司的所有权与经营权是分离的，日常经营与管理由专业团队负责，这提高了公司的运营效率和专业性。股东只要通过持有股份就可以享受公司的投资回报，无须直接参与公司的日常运营。

（3）决策机制完善。股份有限公司通过股东大会、董事会和监事会等机构实现权力的制衡和约束。这种机制确保了公司的决策能够充分反映股东的利益和意愿，并防止了公司被个别人或团体控制的情况发生。

（4）治理结构透明。股份有限公司的治理结构相对透明，因为其是通过定期披露财务报告和其他重要信息的方式，来向股东和公众展示公司的运营状况和财务状况的。这种透明度有助于增强投资者对公司的信心并促进公司的长期发展。

综上所述，股份有限公司"所有权和经营权由股东共同决定"的原则，为公司的稳定运营和持续发展提供了坚实的制度基础。对于创业者而言，选择股份有限公司作为公司组织形式，不仅能够享受投资回报，还能够参与到公司的重大决策中来。因此，股份有限公司在当今社会具有强大的生命力和广阔的发展前景。

➢ 普通合伙企业：全体合伙人的责任均不受限制

普通合伙企业作为一种古老而经典的企业形式，以其独特的责任承担方式和经营机制，在特定领域和行业中发挥着重要作用。本节将详细探讨普通合伙企业的概念、特征、运营机制以及其在现代商业环境中的意义。

1. 普通合伙企业的概念及特征

普通合伙企业，是指由两个或两个以上的自然人通过订立合伙协议，共同出资、共同经营、共享收益、共担风险，并对企业债务承担无限连带责任的企业形式。这种企业形式的特点在于，全体合伙人的责任均不受限制，即他们不仅要以其投入企业的资本为限对企业债务承担责任，还要以自己的全部财产对企业债务承担无限连带责任。这种责任承担方式使得普通合伙企业在经营过程中具有高度的风险性和不确定性，但同时也赋予了其独特的优势和灵活性。

（1）合伙人的责任无限。普通合伙企业的核心特点在于合伙人对企业债务的无限连带责任。这意味着，一旦企业出现债务问题，债权人可以追索任何一个合伙人的个人财产，直到债务得到清偿。这种责任承担方式使得合伙人在经营过程中必须谨慎行事，且须共同承担企业的经营风险。

（2）合伙协议的约束力。合伙协议是合伙人之间就企业经营管理、利润分配、债务承担等事项达成的书面协议，具有法律约束力。合伙人必须按照合伙协议的规定履行自己的义务，否则将承担相应的法律责任。

（3）合伙人的共同管理。合伙人共同决定企业的经营方针、投资方向、利润分配等重要事项，并共同承担企业的风险。这种共同管理的机制使得合伙人能够充分发挥各自的专业优势和资源优势，从而共同推动企业的发展。

（4）企业的相对稳定性。虽然普通合伙企业的合伙人可能会因各种原因发生变化，但企业的主体资格并不会因此消失。只要有新的合伙人加入并签订新的合伙协议，企业就可以继续运营。这种相对稳定性使得普通合伙企业在一些需要长期合作的领域和行业中具有独特的优势。

2. 普通合伙企业的运营机制

合伙人在普通合伙企业中享有广泛的权利，包括参与企业的经营管理、分享企业的利润、查阅企业的账簿和文件等。同时，合伙人也必须承担相应的义务，如按照合伙协议的规定出资、参与企业的经营管理、承担企业的风险等。

在普通合伙企业中，合伙事务的执行通常由全体合伙人共同负责。他们共同决定企业的经营战略、资金分配、利益划分等重要事项，并共同承担企业的风险。在执行合伙事务过程中，合伙人之间应相互协作、相互监督，以确保企业的正常运营和健康发展。

普通合伙企业的财务管理相对简单，通常只设置简单的账簿和报表。合伙人应共同负责企业的财务管理，以确保企业的财务收支平衡和合规性。同时，合伙人还应定期对企业的财务状况进行审计和评估，以及时发现并解决问题。

当普通合伙企业出现无法继续经营的情况时，如合伙人一致决定解散、企业被依法吊销营业执照等，应进行解散和清算。在清算过程中，应优先清偿企业的债务和费用，然后按照合伙协议的规定分配剩余财产。

3.普通合伙企业在现代商业环境中的意义

尽管普通合伙企业在责任承担方面具有较高的风险性和不确定性，但其在现代商业环境中仍具有独特的意义和价值。首先，普通合伙企业的合伙人对企业的经营管理拥有高度的控制权和自主权，这使得他们能够根据实际情况灵活调整企业的经营策略和方向。其次，普通合伙企业的合伙人之间通常具有紧密的合作关系和信任关系，这使得他们能够共同应对各种挑战和风险，从而实现企业的长期稳定发展。最后，普通合伙企业的灵活性和创新性也使其在某些特定领域和行业中具有独特的竞争优势。

然而，值得注意的是，普通合伙企业的责任承担方式会带来一定的风险和挑战。因此，在选择普通合伙企业作为组织形式时，应充分考虑企业的实际情况和合伙人的风险承受能力，要制订合理的经营计划和风险控制措施，以确保企业的稳健运营和长期发展。

➤ 有限合伙企业：包含有限责任和无限责任两类合伙人

有限合伙企业作为一种特殊形式，融合了有限责任与无限责任两种合伙人类型，为不同风险偏好和资金需求的投资者提供了灵活的合作平台。本节将对有限合伙企业的概念、特征、运营机制及其在现代经济中的价值进行详细阐述。

1.有限合伙企业的概念及特征

有限合伙企业是由至少一名普通合伙人和一名有限合伙人组成的企业形式。其中，普通合伙人负责企业的日常经营管理，并对企业债务承担无限连带责任；有限合伙人则以其认缴的出资额为限对企业债务承担责任，不直接参与企业的经营管理。这种结合有限责任和无限责任的企业组织形式，既为投资者提供了灵活的投资选择，也为企业运营带来了独特的优势。

（1）有限责任与无限责任并存。有限合伙企业中的普通合伙人承担无限连带责任，意味着他们必须以自己的全部财产对企业债务负责；而有限合伙人则以其出资额为限承担责任，实现了投资风险的有效控制。这种责任承担方式使得有限合伙企业在吸引投资者方面更具吸引力，因为有限合伙人的风险得到了有效限制。

（2）灵活性与适应性。有限合伙企业可以根据需要调整合伙人的类型和数量，以适应不同阶段的经营需求。此外，有限合伙企业在投资决策、利润分配等方面也具有较大的自主性，能够根据市场环境和企业实际情况进行灵活调整。

（3）专业化经营。有限合伙企业中普通合伙人通常负责企业的日常经营管理，因为他们往往具备丰富的专业知识和经验。这种专业化经营有助于提高企业的运营效率和市场竞争力，同时也为有限合伙人提供了可靠的投资保障。

2.有限合伙企业的运营机制

在有限合伙企业中，普通合伙人和有限合伙人的职责分工明确。普通合伙人负责企业的日常经营管理，包括投资决策、市场营销、财务管理等方面的工作；有限合伙人主要提供资金支持，不直接参与企业的经营管理。这种分工模式有利于实现资源的优化配置和高效利用。

有限合伙企业的决策机制相对灵活。普通合伙人在企业经营管理中具有较大的自主权，可以根据市场环境和企业实际情况灵活调整经营策略和投资方向。同时，有限合伙人也可以通过参与投资决策等方式对企业经营产生影响，但不会对企业的日常经营管理产生直接干扰。

有限合伙企业的利润分配方式相对灵活。企业可以根据合伙协议的规定，按照出资比例、贡献程度等因素进行利润分配。灵活的分配方式有利于激发合伙人的积极性和创造力，促进企业的长期发展。

3. 有限合伙企业在现代经济中的价值

首先，有限合伙企业的组织形式为投资者提供了灵活的投资选择。有限合伙人可以通过投资有限合伙企业，实现资金的有效利用和风险的有效控制；而普通合伙人则可以通过创办有限合伙企业，实现自己的创业梦想和事业发展。

其次，有限合伙企业的组织形式有助于实现资源的优化配置。通过有限合伙人的资金支持和普通合伙人的专业经营管理，企业可以获得更多的资源和优势，从而提高自身的市场竞争力。同时，有限合伙企业还可以根据市场需求和企业实际情况进行灵活调整，实现了资源的高效利用。

最后，有限合伙企业在推动经济发展方面也具有重要意义。它不仅可以促进投资与创业，优化资源配置，还可以为经济发展提供新的动力和增长点。通过有限合伙企业的组织形式，可以实现不同风险偏好和资金需求的投资者的有效结合，从而推动经济的多元化和可持续发展。

综上所述，有限合伙企业作为一种特殊的企业组织形式，具有有限责任与无限责任并存、灵活性与适应性、专业化经营等特点。独特的运营机制和在现代经济中的价值，也使得有限合伙企业成了创业者选择公司组织形式的一个良好备选方案。

▶ 合资企业：都是有限责任公司

在全球经济一体化的今天，创业已不再局限于单一的地域或文化背景。中外合资企业作为一种特殊的企业形式，凭借其独特的优势和特点，在创业领域中备受瞩目。本节将探讨中外合资企业的定义、特点，以及创业时选择中外合资企业的优势，并与中外合作企业进行对比，以便让读者们更全面地理解这一企业形式。

1. 中外合资企业的概念及特征

中外合资企业，也称为中外合资经营企业，是指外国公司、企业和其他经济组织或个人，按照平等互利的原则，经中国政府批准，在中华人民共和国境内，同中国的公司、企业或其他经济组织共同投资、共同经营，并按投资比例分担风险、分享利润及共同承担亏损而从事某种经营活动的企业。中外合资企业通常采用有限责任公司的形式，股东以其出资额为限对公司债务承担责任。

中外合资企业会涉及两个或多个不同国籍的投资者，具有跨国性质。这使得企业能够融合不同国家的文化、技术和管理经验，从而为企业的发展提供多元化的视角和资源。但因在中国境内从事经营活动，因此中外合资企业必须遵守中国的法律法规，具有中国法人地位。

此外，中外合资企业还具有以下特点。

（1）中外合资企业按合同规定占有股份，但只出资证明书，并不发行股票，因此不同于国外的股份公司会出现控股问题。

（2）国外规定外国投资者只能占股份49%以下，本国投资必须占51%

以上。而我国对中外合资企业的股份只规定下限不少于25%，没有明文规定上限。

（3）注册资本与投资总额有一定比例要求。总投资额在300万美元以下的中外合资企业，注册资本要等于投资总额的70%；且注册资本在合营期限内不得减少，对合营各方的认缴资本不承担还本付息责任。

（4）国外投资者所得的利润及其合法所得，必须是外汇才能汇出，这就要求在合同中规定产品外销出口比例，并在经营中强调外汇收支平衡。

2. 创业选择中外合资企业的优势

中外合资企业能够整合不同国籍投资者的资源，包括资金、技术、市场渠道、管理经验等。这有助于企业在创立初期就获得丰富的资源和支持，提高企业的竞争力和市场占有率。

中外合资企业的投资者通常具有丰富的跨国经营经验，能够为企业提供宝贵的国际化视野和战略指导。这有助于企业在全球范围内拓展市场，提高品牌影响力。

中外合资企业的投资者可以互相学习、交流技术和管理经验，能实现优势互补。这有助于企业提高生产效率、降低成本、提升产品质量，从而提高企业的盈利能力。

根据相关政策，中外合资企业在一定期限内可能享有税收优惠，如企业所得税减免、增值税退税等。这有助于降低企业的运营成本，提高企业的盈利能力。

中国政府鼓励中外合资企业的发展，并为其提供了一系列政策支持，如投资审批、土地使用、人才引进等方面的便利。这有助于降低企业的创业门槛和运营成本，提高企业的市场竞争力。

3. 中外合资企业与中外合作企业的区别

中国境内设立的中外合资经营企业、中外合作经营企业、外资企业三类外商投资企业统称为三资企业。中外合资企业与中外合作企业在某些方面存在相似之处，如都涉及不同国籍的投资者、共同经营等。但二者在以下几个方面存在明显区别。

（1）投资方式不同。中外合资企业属于股权式的合资，即投资者共同出资、共同经营，并按出资比例分享利润和分担风险。而中外合作企业则属于契约式合作，投资者之间会通过签订合同明确各方的权利和义务，不以投资数额或股权作为利润分配的依据。

（2）组织形式与责任承担不同。中外合资企业必须是依法取得中国法人资格的企业，为有限责任公司，以其拥有的全部财产承担有限责任。而中外合作企业可以是依法取得中国法人资格的企业，也可以是不具备中国法人资格的企业，其责任承担方式取决于合同约定。

（3）投资回收方式不同。在中外合资企业中，外国投资者只能在依法解散时收回自己的资本。而在中外合作企业中，外国投资者可以在一定的条件下先行收回投资。

（4）经营管理机构与利润分配方式不同。中外合资企业的经营管理机构是董事会及董事会领导下的经营管理机构，利润分配按照股权比例进行。而中外合资企业的经营管理机构和利润分配方式则更具多样性，可根据合同约定进行调整。

总的来说，中外合资企业作为一种特殊的企业形式，在创业领域具有独特的优势和特点。通过整合不同国籍投资者的资源、交流技术和管理经验、享受政策支持和税收优惠等，中外合资企业为创业者提供了一个广阔的平台。同时，了解中外合资企业与中外合作企业的区别，也有助于创业者更好地选择适合自己的企业形式，从而为企业的长期发展奠定坚实的基础。

第四章　股权设计：将风险消灭在创业之初

▶ 最佳股权分配策略

初创公司的股权分配不仅关系着公司的治理结构，更直接影响着公司的长期发展，以及创始团队、投资者、员工等各方的利益。因此，制定一个合理的股权分配策略，对于初创公司的成功起着非常重要的作用。

在初创公司股权分配中，公平性是非常重要的原则。公平分配意味着每个人都可以根据自己的贡献和风险获得相应的回报。为了实现公平分配，必须采取以下两项措施。

首先，确立明确的股权分配目标。在进行股权分配时，必须明确目标，如激励团队成员、吸引投资等。根据目标来制定相应的股权分配方案，以确保分配的公平性和合理性。

其次，采用科学的方法进行评估。在进行股权分配时，必须采用科学的方法对创始人、投资者和员工的贡献进行评估，以确保分配的公平性和准确性。例如，通过评估创始人的创业经验、投资者的投资金额和风险、员工的工作表现等方面，确定每个人的贡献。

下面，将从创始人股权分配、投资者股权分配、员工股权分配、公平分配原则及股权激励机制等方面，探讨初创公司最佳的股权分配策略。

1. 创始人股权分配

创始人是公司的创造者和领导者，其个人能力、渠道资源与股权占比等，都决定着初创公司的最终命运。因此，创始人股权的分配应该基于其对公司的贡献和职责进行，通常可以按照以下方式进行。

（1）根据角色和职责分配股权。根据创始人在公司中的角色和职责的不同分配股权。例如，CEO作为公司的核心决策者，可以获得较高的股权比例；CTO作为技术负责人，其股权比例可以稍低一些；其他创始人则根据各自在公司中的角色和职责获得相应的股权。

（2）结合创始人的贡献。除了角色和职责外，创始人的贡献也是分配股权的重要考量因素。在公司创立初期，创始人通常需要投入大量的时间、精力和资源，这些贡献应该得到相应的回报。因此，在分配股权时，应该充分考虑创始人的贡献大小。

2. 投资者股权分配

初创公司通常需要依靠投资者的资金支持来推动公司的发展和扩大规模。因此，投资者股权的分配也是公司股权结构中的重要组成部分。投资者股权的分配应该遵循以下原则。

（1）根据投资金额和风险确定股权比例。投资者为公司提供了资金，同时也带来了相应的风险。因此，在分配股权时，应该根据投资者的投资金额和风险来确定其股权比例。通常情况下，风险越高、投资金额越大的投资者获得的股权比例也越高。

（2）平衡投资者与创始人的利益。在分配股权时，应该平衡投资者与创始人的利益。一方面，要确保投资者能够获得足够的回报，以激励其继续支持公司的发展；另一方面，也要保障创始人的控制权和话语权，以确保公司的长期发展符合创始人的愿景和规划。

3. 员工股权分配

员工是公司的重要资产，他们的努力和贡献对于公司的成功极具作用。因此，员工股权的分配也是公司股权结构中的重要组成部分。员工股权的分配应该遵循以下原则。

（1）设立员工股权期权计划。通过设立员工股权期权计划来分配股权是一种常见的做法。员工可以通过工作表现和时间来获得股权，这种激励方式可以激发员工的工作热情和对公司的忠诚度，从而促进公司的长期发展。

（2）考虑员工的贡献和重要性。在分配员工股权时，应该充分考虑员工的贡献和重要性。对于公司的关键岗位和核心员工，应该给予更多的股权激励，以留住这些人才并激发他们的工作动力。

某家初创公司由三名创始人共同创立，分别负责技术、营销和运营方面的工作，其中由技术创始人担任公司最高负责人。因此，三名创始人按照各自的职责和贡献进行了股权分配。具体来说，技术创始人获得了35%的股权，营销创始人获得了15%的股权，运营创始人获得了15%的股权，预留35%作为股权池。

很快，该公司便引入了投资者和员工股权激励计划。在投资者股权分配方面，公司根据投资者的投资金额和风险确定了股权比例，即分配给两家投资企业各5%的股权。在员工股权分配方面，公司设立了员工股权期权计划，激励对象是对公司发展有重大贡献的核心成员，因此会根据员工的工作表现和时间分配股权，即分配给符合条件的激励对象共计不超过10%的股权。截至此，该公司依然预留有20%的股权，用于后续引入投资者和对公司发展有重要助力的大咖。

该公司的股权分配方式堪称最佳模板，从一开始就规避了初创公司最容易犯的一些股权分配的错误，如一股独大、平均分配、股权过散、小股为尊等。采用了根据具体贡献与能力分配股权的策略，还预留出了股权池，避免了后续引入投资者和行业能人时会遇到的股权再分配的矛盾，更加避免了创始人股权被过早过快稀释的麻烦。

结合案例可以看出，初创公司在制订股权分配方案时，应该明确目标、采用科学的方法进行评估，并充分考虑各方的利益。同时，预留股权池，让股权在未来具有变动调整的灵活性。为了让初创公司的股权结构分配得更为合理，还需借鉴成功案例的经验和做法，并结合公司的实际情况进行优化。通过合理的股权分配策略，可以激发创始人和员工的创业激情和工作动力，吸引投资者的支持和关注，稳定公司的发展历程，并为公司的长期发展奠定坚实的基础。

▶ 资本股与运营股分开计算

在初创公司的股权结构中，资本股与运营股的分配是一个复杂且重要的议题。资本股主要反映的是股东对公司初始资金投入的贡献，而运营股则更多地体现了股东在公司运营过程中的实际付出和贡献。将资本股与运营股分开计算，不仅有助于更准确地评估每位股东对公司的价值贡献，还能更好地激发团队成员的工作积极性和创造力。本节将详细探讨初创公司资本股与运营股分开计算的必要性、实施方法。

在初创公司中，股东的贡献可能各不相同。有些股东只提供了资金，而有些则更多地参与了公司的日常运营和管理。将资本股与运营股分开计算，可以更准确地反映每位股东对公司的价值贡献，从而避免简单地将所有股东等同视之。

通过设立运营股，公司可以激励那些在公司运营过程中付出辛勤努力的团队成员。这些团队成员虽然可能没有直接投入资金，但他们的付出对于公司的成功同样至关重要。将运营股作为对他们贡献的认可，可以激发他们的工作积极性和创造力，从而促进公司的长期发展。

对于初创公司而言，将运营股纳入股权结构，并向那些在公司运营过程中发挥关键作用的人才提供股权激励，有助于吸引和留住这些优秀人才。这种股权激励方式不仅可以为这些人才提供经济上的回报，还能让他们更加深入地参与到公司的决策和运营中来。

某初创科技公司在成立初期就明确将资本股与运营股分开计算。具体而言可以分为两个部分：一部分是该公司根据每位股东的初始资金投入设定了资本股的比例；另一部分是该公司根据每位股东在公司运营过程中的工作表现、业绩贡献等因素分配了运营股。然后将资本股与运营股相加，就是每位股东所占据的股权比例。如果股东的前期投资比较多，其资本股所占比例就较多，反之则资本股所占比例较少。如果股东在公司的实际经营中投入较大，其运营股所占比例就较多，反之则运营股所占比例较少。

通常情况下，公司的整体股权中，资本股的占比应该比运营股的占比要低一些，因为前期投入资本是一次性的（至多是几次），而后期的工作贡献是经常性的（往往是每天的）。但具体应该是多大的占比，视公司的具体情况而定。

但是，无论怎样划分资本股与运营股的占比，这种将资本股与运营股分开计算的股权分配方式，都有助于公司成功吸引优秀的团队成员加入，并在短时间内取得显著的业绩成果。为了让这种资本股与运营股分开的股权分配方式更好地实施，必须遵循以下三项计算原则。

（1）设定明确的股权分配比例。根据每位股东投入的资金、技术、资源等要素来设定资本股的比例；同时，根据每位股东在公司运营过程中的实际付出和贡献来设定运营股的比例。这样的分配比例既能确保股东之间的权益得到平衡，又能准确反映每位股东对公司的价值贡献。

（2）设立运营股激励机制。根据团队成员在公司运营过程中的工作表现、业绩贡献等因素来分配运营股。这种激励方式可以让团队成员更加主动与深入地参与到公司的运营中，并提高他们的归属感和责任感。

（3）制定详细的股权管理规则。这些规则包括股权的分配、转让、回购等方面的具体规定，以使股东之间的权益得到保障。同时，公司还需要建立健全的股权管理机构，来负责监督和管理股权事务的运作。

初创公司将资本股与运营股分开计算，是一种有效的股权分配方式。实施这种股权分配方式需要公司制定详细的股权管理规则，并建立健全的股权管理机构来监督和管理股权事务的运作。只有这样，才能确保资本股与运营股分开计算的顺利实施，并以此为公司的发展注入强大的动力。

▶ 股权与经营权分离

股权作为初创公司所有权的体现，决定了公司的归属和决策权；经营权则关系着初创公司的日常运营和管理。对于初创公司而言，在分配股权时必须要做的工作就是将股权与经营权分离。

初创公司虽然是一个公司最弱小的阶段，却也是一个公司处于快速发展的阶段，其治理结构往往较为简单，容易导致所有权与经营权的高度集中。然而，随着公司的不断壮大，这种治理结构将逐渐暴露出其弊端。通过实现股权与经营权的分离，初创公司可以建立科学有效的公司治理结构，包括股东会、董事会、监事会等机构，以实现股权与经营权之间的有效制衡和监督。这有助于确保公司在保持经营效率的同时，维护股东利益。

在股权与经营权分离的情况下，公司的管理团队拥有更大的自主权和决策权。他们可以根据市场需求和公司战略，灵活调整经营策略，实现资源的优化配置。同时，管理团队的积极性也将得到充分的激发，因为他们将更多地关注公司的长期发展和整体利益。

初创公司的投资者更关注的是公司的长期发展潜力和投资回报，实现股权与经营权的分离可以有效地保护投资者的利益。通过设立专业的管理团队和建立完善的公司治理结构，公司可以更好地应对市场风险和挑战，并确保投资者的资金安全和投资回报。

下面将深入探讨初创公司实现股权与经营权分离的几种方法，以帮助初创公司建立更为科学、高效的管理机制。

1. 明确股权结构，确保股东权益

初创公司应在创立之初或关键阶段，就根据股东的出资额、贡献等因素，明确界定各股东的持股比例，并且通过法律文件（如公司章程、股东协议等）予以确认，以确保股权的清晰性和稳定性。

同时，公司还应建立完善的股权管理制度，规范股权的转让、继承和退出等流程，以避免股权纠纷和矛盾的发生。

此外需要注意，股东会或股东大会是公司的最高权力机构，负责审议和决定公司的重大事项。初创公司应确保股东会或股东大会的合法性和有效性，要保障股东权益的行使。

2. 建立专业管理团队，明确经营权

为了实现股权与经营权的分离，初创公司需要组建具备丰富管理经验和专业知识的管理团队，来负责公司的日常经营和决策。管理团队应具备良好的职业素养和道德操守，并向股东负责，但在经营权方面要享有相对的独立性。此外，公司还可以引入外部顾问和专家，为管理团队提供咨询和支持。

同时，通过公司章程或股东协议等文件，明确赋予管理团队经营权，以确保管理团队在公司的经营决策中享有相对独立性；并明确管理团队在行使经营权时应遵循的规则和程序，防止权力的滥用。

3. 设立董事会，实现股权与经营权的有效制衡和监督

为了实现股权与经营权的有效制衡和监督，初创公司需要建立科学有效的公司治理结构，包括设立董事会、监事会等机构，并明确各机构的职责和权力范围。

董事会作为公司的最高决策机构，应负责审议公司的重大事项和决策。初创公司可以设立董事会，并确保董事会成员具备专业知识和经验，以便为公司的发展提供有力支持。

董事会应负责制定公司的经营方针、审议重大投资计划、任免高级管理人员等重要事项。同时，董事会应对管理团队的决策进行监督和制衡，以确保公司的决策符合股东利益。

4. 建立监事会或类似机构，加强内部监督

监事会是公司的监督机构，负责监督公司的日常运营和财务状况。初创公司可设立监事会，并确保监事会的独立性和有效性，以加强对管理团队的监督和制衡。

监事会应对公司的财务状况、经营决策等进行监督，发现问题及时提出并督促改进。同时，监事会应对董事会和管理团队的行为进行监督，以确保公司的经营符合法律法规和股东利益。

此外，初创公司还可以建立其他相关机构，如股东大会、专业委员会等，以实现股权与经营权之间的有效沟通和协调。

某互联网科技初创公司在成立之初就明确了股权与经营权的分离原则。公司创始人拥有公司的大部分股权，但将经营权交给了具备丰富管理经验和专业知识的管理团队。通过设立董事会和监事会等机构，该公司实

现了股权与经营权之间的有效制衡和监督。这种分离模式使得公司的管理层能够更加专注于公司的日常运营和决策，而创始人则可以在保持对公司战略方向的控制的同时，更加关注公司的长期发展和资本运作。在这种模式下，该公司迅速成为互联网科技领域的知名公司，并取得了显著的业绩。

综上所述，初创公司实现股权与经营权的分离，不仅有助于优化公司治理结构、激发管理团队积极性、保护投资者利益，还能为公司的长期发展奠定坚实的基础。为了实现这一目标，公司需要明确股权结构、设立专业的管理团队、建立有效的治理机制等。同时，公司还需要注重培养和提高管理团队的专业能力和素质，以确保他们能够胜任公司日益复杂的经营和管理任务。

➤ 股权激励与约束机制

在初创公司的运营与发展过程中，人力资源的激励与约束是保障公司稳健成长的关键因素。特别是对于知识密集型和技术创新型的初创公司来说，如何有效地激励员工，同时约束其行为，确保公司战略目标的顺利实现，已经成了创业者必须面对的重要课题。

股权激励作为一种长期激励机制，旨在通过授予员工一定数量的公司股份或股票期权，将员工的个人利益与公司的长期发展紧密联系起来。股权激励使员工成为公司的股东之一，能够分享公司发展的成果，这可以吸引和留住那些具有创新精神和创业热情的优秀人才。这种利益共享的机制可以激发员工的工作积极性，促使他们更加努力地工作。此外，股权激励通过让员工参与公司的经营管理决策，可以提高公司的决策效率和执行力。

初创公司的股权激励形式多种多样，主要包括股票期权、限制性股票、业绩股票等。这些形式各有特点，适用于不同的公司和员工群体。

（1）股票期权。股票期权是指公司授予员工在未来一定期限内以约定价格购买公司股票的权利。员工在行使该权利时，可以选择购买公司股票，并在股价上涨时出售获利。这种激励方式旨在鼓励员工长期持有公司股票，共同分享公司成长的收益。

（2）限制性股票。公司按照预先确定的条件，将一定数量的公司股票直接授予员工，员工在获得限制性股票后，需满足一定的持有期和服务期要求，方可自由转让或出售。这种形式的股权激励可以确保员工在公司长期工作，避免短期行为。

（3）业绩股票。公司根据员工的业绩完成情况授予其一定数量的股票作为奖励。奖励的股份数量通常与员工的业绩目标完成情况挂钩，这就可以激励员工积极提升工作绩效。这种形式的股权激励将员工的个人利益与公司业绩紧密联系起来，实现了共同发展。

（4）股票增值权。这是一种虚拟的股票激励方式，公司授予员工在未来某一特定时间获得公司股票增值部分收益的权利。员工无须实际购买股票，即可享受股票价格上涨带来的收益。这种形式的股权激励适用于现金流较为紧张的公司，可以有效降低激励成本。

（5）虚拟股票。公司授予员工一定数量的虚拟股票，员工可以享受与真实股票相同的股价上涨收益，但不享有股东权益。虚拟股票通常以现金或公司其他形式的福利支付，不涉及公司实际股权的变动。这种形式的股权激励有助于激励员工关注公司股价表现，提升公司市场价值。

（6）股票回购计划。公司按照一定价格从市场上回购公司股票，并将这些股票用于员工持股计划、股权激励等目的。通过股票回购，公司可以减少市场上的流通股份，并提高每股股票的价值。同时，回购的股票可以用于员工持股计划，让员工分享公司发展的成果。

（7）员工持股计划。公司通过提供优惠价格、贷款支持等方式，帮助员工购买公司股票。这种形式的股权激励不仅有助于增强员工对公司的归属感和责任感，还有助于促进公司内部的团队合作和共同发展。

（8）延期支付。公司将员工的部分薪酬或奖金以公司股票或股票增值权的形式进行延期支付。员工在未来某一特定时间才能获得这部分收益。这种形式的股权激励有助于防止员工的短视行为，并鼓励员工关注公司长期发展。同时，延期支付的部分可以作为公司未来的资金储备，用于应对市场变化和业务发展需求。

在初创公司中，约束机制与激励机制相辅相成，共同构成完整的人力资源管理体系。构建有效的约束机制可以确保员工的行为符合公司的价值观和战略目标，保障公司的稳定发展。

初创公司应严格遵守国家法律法规和行业规范，以确保公司的经营活动合法合规。公司还应加强对员工的法律法规教育，提高员工的法律意识。通过签订劳动合同和保密协议等文件，明确员工的权利和义务，约束员工的行为。这些合同应详细规定员工的工作职责、保密义务、竞业禁止等条款，以确保公司的利益不受损害。

同时，建立科学公正的绩效考核体系，根据员工的工作表现和业绩完成情况进行奖惩。通过绩效考核激发员工的工作积极性。同时，在股权激励方案中应设置一定的约束条件，如员工在获得股权后需要继续在公司工作一定年限或达到一定的业绩标准才能行使股权，以确保员工在获得股权后能够持续为公司贡献力量。

某公司是一家专注于新能源科技研发的创业企业，自创立以来凭借创新的产品和高效的管理，迅速在业界崭露头角。为了进一步激发员工的创新热情和保持公司的持续增长，该公司决定引入一套科学合理的股权激励与约束机制。

该公司的股权激励方案主要针对公司的核心技术人员和管理团队。该方案的核心是员工持股计划（ESOP），允许员工以优惠价格购买公司股票，从而与公司形成利益共同体。具体来说，该公司设定了一个为期三年的股权激励计划，每年都会根据员工的绩效、贡献以及对公司的认同度，向符合条件的员工发放一定数量的股票期权。员工可以在公司达到特定业绩目标后，按照约定价格购买这些股票，并享有相应的股东权益。

为了确保股权激励的有效实施和公司的健康发展，该公司还设计了一套相应的约束机制。首先，该公司对员工购买股票的行为设定了严格的条件，包括员工的绩效评定、工作年限等，只有符合条件的员工才能参与员工持股计划。其次，该公司还规定了员工股票的锁定期，即员工在获得股票后的一定期限内不得转让或出售，以确保员工对公司的长期承诺和贡献。此外，该公司还建立了一套完善的业绩考核体系，将员工的个人利益与公司整体业绩紧密联系了起来，激励员工为公司的发展贡献更多的力量。

该公司的股权激励与约束机制自实施以来取得了显著成效。员工的工作积极性和创新热情得到了有效激发，公司也实现了持续稳定的增长。

综上所述，初创公司的股权激励与约束机制是保障公司稳健成长的关键因素。通过构建有效的股权激励与约束机制，可以吸引和留住优秀人才，激发员工工作积极性，优化公司治理结构，确保公司的稳定发展。同时，初创公司应根据自身的特点和实际情况，选择合适的股权激励与约束机制形式，以确保机制的有效性和可持续性。

▶ 股权变动与调整机制

在初创公司的成长过程中，股权结构是一个至关重要的因素，不仅决定了公司的所有权归属，还影响着公司的决策机制和发展方向。随着公司的逐步发展，股权变动与调整机制显得尤为重要。

通过给予员工股权激励，将员工个人利益与公司利益紧密相连，促使员工更加努力地为公司创造价值。通过合理配置股权，确保公司决策权的合理分配和制衡，降低公司内部的决策风险，保障公司的稳健发展。合理的股权变动与调整机制能够吸引和留住优秀人才，并提高员工对公司的认同感和归属感，从而为公司的发展提供源源不断的人力资源支持。合理的股权变动与调整机制有助于公司更好地应对外部融资需求，在通过向投资者出售部分股权，筹集公司发展所需的资金时，能保障公司控制权的稳定。

初创公司股权变动与调整的策略方法，对于不同行业和不同经营模式与发展阶段的公司来说是不同的，在此我们不考虑行业差异，仅结合公司创始之后的发展阶段，给出如下四个步骤，仅供参考。

第一步：确定股权变动与调整的目标。在进行股权变动与调整前，初创公司需要明确目标，如激发员工积极性、优化公司治理结构、吸引和留住人才，以及应对外部融资需求等。因为目标的明确有助于公司更有针对性地制订股权变动与调整方案，所以什么对公司的生存发展最为重要，就要将此确定为目标。

第二步：评估现有股权结构。在制定股权变动与调整方案前，初创公司需要评估现有股权结构的合理性，包括股东持股比例、股东权益分配、决策权配置等方面。通过评估现有股权结构，发现其中存在的问题和不足，可以为制订股权变动与调整方案提供依据。

第三步：设计合理的股权变动与调整方案。根据初创公司的目标和现有股权结构评估结果，设计合理的股权变动与调整方案。方案应兼顾公平与效率，要在确保公司控制权稳定的同时，激发员工积极性。具体的方案可以包括股权激励计划、股权回购、股权稀释等方式。

第四步：严格执行股权变动与调整方案。在确定了股权变动与调整方案后，初创公司需要严格执行该方案。通过制订详细的执行计划和时间表，来确保方案的顺利实施。同时，公司还需要建立相应的监督机制，对股权变动与调整过程进行监督和检查，以确保其合法合规。

某公司是一家专注于软件开发与信息技术服务的创新型创业企业，自成立以来，创始人希望凭借其先进的产品理念和优质的服务，迅速在市场上站稳脚跟。这就需要对初始的股权结构进行变动与调整。

在创业伊始，该公司的股权结构相对简单，主要由创始人团队和少量天使投资人持有。然而，随着公司业务的发展，团队规模有所壮大，原有的股权结构已经无法有效激励员工，也难以吸引外部投资人的关注。因此，该公司决定通过股权变动与调整来解决这一问题。

首先是施行员工股权激励计划。该公司制订了一套员工股权激励计划，允许员工以优惠价格购买公司股票，这既有效激发了员工的工作热情，也提高了员工的归属感。

其次是引入战略投资者。该公司积极引入战略投资者，这些投资者不仅为公司带来了资金支持，还带来了丰富的行业经验和资源。

最后是股权回购。为了维护公司的稳定和发展，该公司在一定条件下回购了部分股东的股权，减少了股权分散，提高了公司的决策效率。

经过股权变动与调整，该公司的股权结构得到了有效优化。员工股权激励计划提高了员工的工作积极性和归属感，吸引了更多的优秀人才加入公司。引入战略投资者为公司带来了资金和资源的支持，进一步推动了公司的发展。股权回购则有效维护了公司的稳定和发展，为公司的长远规划提供了保障。

由此可见，通过制定合理的股权变动与调整策略并严格执行该方案，可以有效激发员工积极性、优化公司治理结构、吸引和留住人才以及应对外部融资需求。在实际操作中，初创公司需要明确目标、评估现有股权结构、设计合理的股权变动与调整方案，并严格执行该方案。同时，公司还需要根据实际情况及时调整和优化股权变动与相关策略，以适应公司发展的需要。

➤ 退出条款应尽可能详尽

在初创公司的成立和发展过程中，股权设计是非常重要的环节。这一环节不仅关系着公司的所有权结构，还影响着公司未来的治理、融资和长期发展。在股权设计中，退出条款的设置尤为关键。详尽的退出条款不仅可以为股东提供明确的退出路径，还能在股东之间发生分歧或公司经营出现问题时提供有效的解决机制。

下面，将从初创公司股权设计中退出条款的重要性、设置原则、主要内容等方面进行深入探讨。

退出条款在初创公司股权设计中的重要性，可以分为以下三个方面。

（1）保障股东权益。详尽的退出条款可以明确股东在退出公司时享有的权益和利益分配方式，从而保障股东在退出过程中的合法权益，增强股东对公司的信心。

（2）明确退出路径。退出条款为股东提供了明确的退出路径，使股东在需要退出时能够按照约定的条件和程序进行，避免了因退出路径不明确而产生的纠纷和争议。

（3）应对公司风险。在公司经营过程中，可能会面临各种风险，如市场风险、技术风险、管理风险等。详尽的退出条款可以在公司面临困境时提供有效的解决机制，帮助公司渡过难关。

初创公司股权设计中的退出条款的设置原则，必须包括三个方面。

（1）公平合理原则。退出条款应确保所有股东（选择退出股东和未选择退出股东）在退出时享有公平合理的待遇。公司应根据股东的实际投入、贡献和承担的风险等因素，合理确定股东在退出时的权益分配方式。

（2）灵活可行原则。退出条款应具有一定的灵活性，以适应公司发展的不同阶段和股东的不同需求。同时，退出条款应具有可行性，以确保在股东需要退出时能够顺利实现。

（3）合法合规原则。退出条款的设置应符合国家法律法规和相关政策的规定，以确保公司的合法经营和股东的合法权益。

初创公司股权设计中的退出条款的主要内容，可以包含如下五个方面。

（1）包含退出方式。退出条款应明确股东退出的方式，包括股权转让、回购、解散清算等。同时，应规定各种退出方式的条件和程序，并确保股东在退出时能够按照约定的方式进行。

（2）包含退出价格。退出条款应明确股东在退出时的价格确定方式，可以采用估值方法、协商定价等方式。同时，应规定在特定情况下（如公司发生严重亏损、面临破产等）的退出价格调整机制。

（3）包含回购条款。回购条款是退出条款中的重要组成部分。公司可以设立回购基金或回购计划，以便在股东需要退出时回购其股权。回购条款应明确回购的条件、价格、时间等要素，以确保回购过程的顺利进行。

（4）包含股权转让限制。为确保公司的稳定发展和保护其他股东的利益，退出条款中可以设置股权转让限制，包括股权转让的对象、数量、时间等方面的规定。

（5）包含违约责任。退出条款中应明确违约责任的承担方式和范围。对于违反退出条款的股东或公司，应规定相应的违约责任和处罚措施，以维护公司的正常运营和其他股东的合法权益。

某互联网科技公司在初创阶段就设置了详尽的退出条款。在公司章程中，该公司规定了以下几种退出方式。

首先是股权转让。股东可以在符合公司章程和相关法律法规的前提下，将其持有的股权转让给其他股东或第三方。公司设立了股权转让登记制度，确保了股权转让的合法性和有效性。

其次是回购计划。公司设立了回购基金，当股东需要退出时，公司可以回购其持有的股权。回购价格根据公司估值和股东持股比例等因素确定，确保了回购过程的公平合理。

最后是解散清算。在公司面临严重困境或无法继续经营时，股东可以提议解散公司进行清算。在清算过程中，公司应按照公司章程和相关法律法规的规定进行清算分配。

该公司在股权设计中充分考虑了退出条款的设置，为股东提供了明确的退出路径和权益保障。既增强了股东对公司的信心，也为公司的长期发展奠定了坚实基础。同时，该公司的退出条款设置也为其他初创公司提供了有益的借鉴和参考。

总而言之，初创公司在股权设计中，必须设置详细的退出条款，以保障股东的合法权益。通过合理设置退出条款，初创公司可以为其发展奠定坚实基础，实现稳健成长。

第五章　注册公司：开启合法经营之旅

▶ 核名：成功从一个出色的名称开始

创业之旅，公司名称的选择往往被视为一个重要的起点。一个好的名字能够帮助初创公司快速确立品牌形象，引起消费者的注意。因此，初创公司核名成为创业者们必须面对并认真考虑的一环。本节将从公司名称的重要性、工商规定、命名原则及策略，以及相关公司案例等方面进行探讨。

1. 公司名称的重要性

公司名称是公司品牌的直接体现，是消费者对公司第一印象的重要来源。一个响亮、易记、有特色的名字，不仅关系公司所经营的产品投放到市场后，能否快速吸引潜在客户的注意，也关系能否准确传达出公司的核心价值和经营理念，还能够增强公司的凝聚力和员工的归属感，并为公司的发展奠定坚实的基础。因此，创业者们需要充分认识到公司名称的重要性，并投入足够的时间和精力去选择和核名。

2. 公司名称的基本工商规定

创业者在前往所在地区工商局进行公司名称预查之前，需要想好3~5个供备选的公司名称。当然，名字准备得越多越好，因为这样做可以增加一次性确定的概率，加快公司注册进度。之所以要这样要求，是因为目前各地的公司注册数量都很庞大，除了重复的公司名不能使用外，还有其他多种相关法律法规禁止使用的情况。所以，对于准备创立公司的创业者，就应该多准备一些公司名称的备选方案，在填写资料时，就类似高考填写志愿，由上到下，依次按照创业者的意愿，由强到弱排列。

新公司注册的名字申请，一般要走如下流程。

第一步：名字预查。需要填写"企业名称预先核准申请书"，股东、法人提供身份证，名字预查地点是在公司注册所在地区的市场监管局。

第二步：名字审核。所在地区市场监管局预查通过后，报市市场监管局审核，一般需要3～5个工作日。

第三步：颁发证书。公司名称审核通过后，由市场监管局打印注册公司查询"企业名称预先核准通知书"，有效期为半年，若半年内未办理工商登记，可以延期，再延长期限为半年，若再未办理工商登记，则"企业名称预先核准通知书"失效。

3.命名原则及策略

公司名称的最基本要求包括：避免存在具有误导意义的名字；拒绝具有消极意义的名字；部分的字词应易读易写；尽量避免使用字母和数字；字号部分的数字不宜过多；名字中不应包含另一个公司、企业的名称；名字不得侵害其他公司、企业的名称权；名字不得含有法律法规明文禁止的内容；不能使用已吊销或注销不到三年的公司、企业的名字；不得使用与其他公司、企业变更名称未满一年的原名称相同的名字；经商标权人许可，商标可以作为字号申请公司、企业的名字。

具体的公司起名法则必须遵循如下原则。

（1）简洁易记原则。公司名称必须简洁明了，易于记忆和传播。避免使用过于复杂、拗口的词语和拼写方式，以免给消费者带来困扰。同时，名字的长度也应该适中，过长的名字容易让人产生疲劳感。

公司名称一般由四部分组成：行政区划+字号+行业特点+组织形式。其中只有"字号"部分可以由创业者自己拟定，需要预查的也是这一部分，其他部分都有相关的法规要求。

如今，中国的绝大多数知名公司与企业，基本都是两个字的字号，极少数会用到三个字或四个字，这是因为两个字的字号更容易记忆，在此后的品牌传播和广告投放时都会体现出巨大的好处。当然，这些大公司、大企业一般都成立于十几年前，甚至更早，彼时全国的公司较现在要少很多，名字也更容易起。如今想起出两个字的、没有重复的且又足够响亮的公司名称已经极其困难了，多数人不得不退而求其次，选择三个字或四个字的名字。其实，三个字、四个字的名字只要起得足够好，也一样会让人记忆深刻，比如新东方、拼多多、阿里巴巴、字节跳动。

（2）突出特色原则。公司名称应该能够准确地传达出企业的核心价值和经营特色。通过名字中的某个词语或元素，突出企业的行业属性、产品特点或品牌理念，能让消费者在第一时间就感受到企业的与众不同。

例如，美团是靠团购模式起家的，其名字中的"团"字很好地体现了公司的经营模式和经营特色，而"美"字则是公司核心价值的体现，等于告诉消费者，来美团上购物，既能享受到价格上的优惠，又能实现一次美好的购物体验。

（3）文化内涵原则。公司名称可以融入一些文化元素，如诗词、典故等，以增加名字的文化内涵和艺术感。这样不仅能够提升企业的品牌形象，还能够吸引那些注重文化品位的消费者。

例如，国泰君安证券的名字，就非常能体现中国的文化特色，只有在国泰民安的中国，人民才能安享幸福的收益。

（4）朗朗上口原则。无论是给人起名，还是给公司起名，都十分忌讳选用生僻字。如果一个名字让多数人不认识，不仅尴尬，还会让人直接抛弃掉。公司自然希望得到消费者的认可，如果公司取了有生僻字的名字就要花费很大精力去普及生僻字的读音和寓意，这并不是一件能获得高效率的事情，因为能让人主动记住的和教别人被动记住绝非同一个概念。同时，公司使用名字还要注意多音字的问题，一家公司如果出现两种读音，给消费者留下深刻印象的概率就会降低。

（5）国际化原则。对于有志于拓展国际市场的初创公司而言，起名时还需要考虑国际化因素。名字应该易于在不同文化和语言环境中传播和接受，要避免出现歧义或负面含义。虽然对于初创公司，国际化好像是比较远的事情，但也要做一些准备，创业的目的就是希望将公司做大做强，既然有这种期望，就要从一开始做出一些相应的准备。

总之，一个好的公司名称不仅能够帮助企业建立良好的品牌形象和增强竞争力，还能够为企业的长期发展奠定坚实的基础。因此，创业者们需要充分认识到公司名称的重要性，在命名过程中遵循简洁易记、突出特色、具有文化内涵、朗朗上口和国际化因素等原则及策略。

▶ 报审：每一样都很关键

公司名称起好了，也通过了预审，创业者接下来要做的就是到所在城市的市场监管局或行政大厅进行公司注册报审工作。在此环节中，关于公司的三个信息非常重要，即注册地址、营业范围和注册资本。那么，创业者应该注意哪些方面呢？

1. 注册地址——公司的"身份证"

在创业初期，选择合适的注册地址是企业迈出的第一步，也是后续所有法律手续和商业活动的基础。注册地址不仅是公司法律身份的象征，更承载着企业的形象、税收优惠、政策扶持等多重意义。

公司的注册地址是公司营业执照上登记的"住址"，一般以其开展业务活动和处理公司事务的所在地为"住址"。按照《中华人民共和国公司法》的规定，公司的注册房屋属性必须是商用的，如写字楼、商铺，商住两用的公寓要看房产证上标明的性质是商用还是住宅。

选择注册地址，自然要考量很多有利于或不利于经营的因素，通常的考量内容如下（具体情况需要具体分析）。

（1）市场接近性。对于服务型或面向终端消费者的企业，选择靠近目标客户群或商业中心的地址有助于提升品牌曝光度和客户服务效率。

（2）成本效益。初创公司往往资金紧张，需要在租金成本与业务需求之间找到平衡点。一些城市提供的孵化器、众创空间等低成本办公场地是不错的选择。

（3）政府支持与政策导向。某些地区的政府和企业为了吸引投资、促进产业升级，会推出税收减免、资金补贴等优惠政策。了解并利用这些政策，可以为企业初期发展带来实质性的帮助。

初创公司要确保所选地址符合当地法律法规对注册地址的要求，以避免后续因地址问题导致的法律风险。还要确保所选地址具有一定的稳定性，不能在短时间内频繁更换办公地点，从而影响企业形象和客户信任的问题。

2. 营业范围——画定发展"蓝图"

营业范围是国家允许企业生产和经营的商品类别、品种及服务项目，反映企业业务活动的内容和生产经营方向，是企业业务活动范围的法定界限，体现企业民事权利能力和行为能力的核心内容。也就是说，经营范围是公司在注册时明确界定的经营活动边界，直接决定了公司可以从事哪些业务、如何开展业务，以及未来业务拓展的方向。

创业者在注册企业填写经营范围时，应该在法律允许的范围内，尽可能将经营范围类目填写得更丰富完善一些。毕竟一件事开始的设计与后期实际操作时会产生偏差，所以前期将经营范围写得尽可能完善，就可以在一定程度上弥补后期不断修改的琐碎流程。具体的操作方法如下。

（1）明确主营业务。初创公司应基于自身的核心竞争力，清晰界定主营业务，这样做既可以向市场传达企业定位，也可以吸引投资者和客户的关注，还有利于企业聚焦资源，快速形成市场突破。

（2）预留发展空间。在设定营业范围时，初创公司应保持一定的前瞻性和灵活性，来为未来可能的业务拓展预留空间。这并不意味着盲目扩张，而是基于行业趋势和企业战略规划，合理预测并规划未来可能涉足的领域。

（3）合规性与风险评估。确保所申请的营业范围符合国家法律法规的规定，避免涉及敏感或禁止的领域。对拟开展的每一项业务进行风险评估，考虑其市场前景、竞争状况、资源需求及潜在的法律风险，以确保企业在可控范围内稳健前行。

在此介绍一个选择公司较完整经营范围的方法，就是通过查询公司工商信息类平台，如"天眼查""企信宝"等App，查询与自己的公司类别同类的大企业，并以这些大企业的经营范围为参考来进行选择。这些企业的经营范围都经过了多次修改和完善。

3. 注册资本——资金实力的"试金石"

注册资本是公司在注册时向登记机关申报并记载于公司章程的全体股东或发起人认缴的出资额，是合营各方已经缴纳的或合营各方承诺一定缴纳的出资额的总数。其不仅代表了公司的初始资金实力，也影响着企业的信用评级、融资能力和市场认可度。

我国法律明确规定，公司在成立之前必须在公司章程中明确企业的注册资本，并向登记机构登记。

注册资本是初创公司资金实力的直接体现，对于需要较高资金门槛的行业或项目，足够的注册资本是获得合作机会、争取项目的重要条件。注册资本的多少也在一定程度上影响着初创公司的信用评级和市场信誉。一个有着合理且充足注册资本的公司更容易获得客户、供应商及金融机构的信任和支持。

综上所述，注册地址、营业范围、注册资本作为初创公司报审过程中的三大关键要素，每一项都对企业的发展有着深远影响。初创企业在决策时应充分考虑市场需求、自身条件、法律法规及未来规划等多方面因素，力求在合规的基础上实现资源的最优配置和企业的快速发展。

▶ 验资：需要准备的资料

注册者在提交公司注册申请时，必须出具一份验资报告，这份验资报告也是对公司实际资金情况的一个证明材料。

验资，是指由依法设立的验资机构（如会计师事务所）依据《中华人民共和国公司法》及相关法规的规定，对股东出资的真实性、合法性及出资额进行验证并出具验资报告的过程。验资报告是公司注册、增资扩股、股权转让等事项中重要的法律文件之一。可以说，验资环节不仅确保了公司的注册资本真实可靠，也是公司合法设立和经营的基础。具体而言，验资报告是公司创立者向银行开户行存入一笔资金，然后请专业会计师事务所对所存入的资金情况进行核查，会计师事务所根据银行账户中的实际资金情况所出具的证明报告。

在进行验资时，创业者需要准备以下材料，并提交给会计师事务所。

（1）名称核准通知书。创立公司需要获得工商行政管理部门颁发的"企业名称预先核准通知书"，这是验资机构进行验资工作的前提和基础。

（2）公司章程及协议。验资时，验资机构会核查公司章程中关于注册资本、出资方式、出资时间等条款的规定是否符合法律法规的要求。此外，如果公司有发起人协议或股东协议，也应一并提供。

（3）出资人（股东）身份证明及出资证明。对于个人股东，需要提供身份证、户口簿、护照等有效身份证明文件；对于企业股东，则需要提供企业营业执照、组织机构代码证等证明材料。同时，出资人（股东）还需提供出资证明，包括银行进账单、现金缴款单、实物投资评估报告等。需要注意的是，出资人必须为章程中所规定的投资人，且出资证明需清晰明确，包含出资人姓名、出资金额、出资方式及出资时间等关键信息。

（4）银行相关单据。股东投资款需缴存至公司验资专户，并提供银行出具的进账单或现金缴款单等单据。这些单据需注明款项用途为"投资款"，并确保金额与章程规定的注册资本相符。如果股东是以个人存折转账缴存投资款的，还需提供个人存折复印件。此外，银行询证函、资金到账对账单等也是验资过程中不可或缺的资料。

（5）实物投资评估报告。如果股东以实物、无形资产等非货币形式出资，则需提供专业的评估报告。评估报告应由具有相应资质的评估机构出具，内容应包含实物或无形资产的名称、规格、数量、评估价值及评估方法等关键信息。对于半年之内新购的资产，虽可免于评估，但需提供发票、实物清单和货款付讫证明等材料。

（6）其他相关资料。除了上述资料外，根据具体情况，验资过程中还可能需要提供其他相关资料。例如，如果公司涉及特定行业或领域，可能需要提供相关的资质证书或批准文件；如果公司有外资股东，还需提供外汇管理部门出具的相关证明文件等。

验资过程必须严格遵守《中华人民共和国公司法》及其他相关法律法规的规定。不同行业和地区的法律法规可能存在差异，因此在具体操作时需结合当地实际情况进行查询和了解。

验资报告是验资工作的最终成果，其准确性和规范性直接影响着公司的注册和经营。因此，验资机构在出具验资报告时，必须确保报告内容的真实、准确、完整和规范。验资过程中，公司也必须确保提供的所有资料真实、准确、完整，任何虚假或遗漏都可能导致验资失败或引发法律纠纷。

总而言之，验资报告不仅是公司注册的必要文件，也是后续融资、上市、并购等活动中的重要参考。因此，公司应妥善保管验资报告，并在需要时及时向相关方提供。

▶ 领照：老板生涯正式开启

每个人都有一张独一无二的身份证，用以证明合法的公民身份。每家公司也都有一张独一无二的营业执照，用以证明合法的经营身份。当完成了核名、报审、验资之后，接下来就是市场监管局走相关流程，再等待几个工作日后去领取营业执照。这张薄薄的纸，不仅承载着公司的法律身份，更是创业者梦想启航的通行证，标志着创业者老板生涯的正式开启。

营业执照是由市场监督管理部门根据相关法律法规颁发的，用于确认企业法人资格和经营资格的法律凭证。

1. 营业执照上通常包含以下关键信息

（1）公司名称：公司的正式名称，由"行政区划+字号+行业特点+

组织形式"四部分构成，是公司在法律上的唯一标识。通过公司名称可以看到，这家公司注册在哪座城市，从事什么行业，以及公司的类别。

（2）统一社会信用代码：也称为"税号"，是一组18位的用于法人和其他组织身份识别的代码，由国家标准委发布；是公司在全国范围内唯一的身份代码，用于企业税务登记、银行开户等多种场合。我国以统一社会代码和相关基本信息作为法人和其他组织的"数字身份证"，是管理和经营过程中识别法人和其他组织身份的手段。

（3）类型：标明公司是个人独资企业、有限责任公司、股份有限公司、个体工商户还是其他类型的企业。

（4）法定代表人：依法对外代表公司行使民事权利和承担民事义务的主要负责人。

（5）注册资本：公司设立时股东认缴的出资总额，反映了公司的经济实力和经营规模。

（6）成立时间：公司正式注册成立的日期，依照工商部门最终审批确认的时间为准。

（7）营业期限：经批准的公司章程中确定的经营期限，自登记机关核准之日起计算。

（8）经营范围：公司可以从事的经营活动范围，是公司合法经营的基础。

（9）住所/经营场所：公司的主要办事机构所在地，也是公司的主要经营地址。

（10）登记机关及登记日期：颁发营业执照的市场监督管理部门及其登记日期。

随着电子化进程的加快，许多地方的营业执照还附带了二维码等电子信息，通过扫描二维码就可以快速查询企业的详细信息，包括股东信息、经营范围变更记录、行政处罚情况等，为交易对手提供了更加便捷、透明的信息查询渠道。

2.如何正确使用公司的营业执照

营业执照是公司的法定身份证，必须妥善保管，要防止遗失或被盗用。公司应建立健全的证照管理制度，指定专人负责营业执照的保管、使用和归档工作。一旦发现营业执照遗失或被盗用，应立即向登记机关报告并申请补办或注销，以避免不法分子利用营业执照从事非法活动，给公司带来不必要的损失。

营业执照上的信息是公司对外展示的重要窗口，公司必须确保所有信息的真实性和有效性。在经营过程中，公司应严格按照营业执照上载明的经营范围开展业务活动，不得超范围经营或从事违法违规活动。同时，公司应及时办理营业执照的变更、注销等手续，以确保营业执照上的信息与公司的实际情况保持一致。

营业执照既是公司合法经营的象征，也是公司信誉的重要体现。在与客户、合作伙伴等交往中，公司应主动出示营业执照，以证明自己的合法身份和经营资质。同时，公司还可以通过在官方网站、宣传资料等渠道展示营业执照的电子版或扫描件，来提高公司的透明度和信誉度，并增强外界对公司的信任感。

营业执照的颁发和管理是国家维护市场秩序、保障公平竞争的重要手段。公司在使用营业执照的过程中，必须严格遵守相关法律法规的规定，不得伪造、涂改、出租、出借营业执照或以其他方式非法转让营业执照。同时，公司还应积极配合市场监督管理部门和其他相关部门的监督检查工作，共同维护良好的市场秩序和经营环境。

总之，领取公司营业执照是创业者踏上征途的重要一步，也是老板生涯正式开启的标志。这张薄薄的纸不仅承载着公司的法律身份和经营资质，更是公司稳健前行的重要保障。在使用营业执照的过程中，公司必须做到妥善保管、合法经营、充分利用、遵守法规等几个方面的工作，以确保公司在合法性和稳健性的保障之下，实现大踏步的发展。

▶ 刻章：各种印章的不同用途

在领取到营业执照后，创业者就可以携带营业执照到当地公安机关指定的刻章单位进行刻章了。别看印章的尺寸不大，也没有什么技术含量，但却是公司法定权利的符号。创业者必须对每种印章的用途都做到清楚明确，并且合理使用与保管它们。

不同种类的印章具有不同的用途和法律效力，因此，了解每种印章的用途并妥善保管它们，对于维护公司权益、确保经营顺畅具有重要意义。

1. 公司常规印章及其用途

（1）公司章。也称为"公章"，是公司最重要的印章，具有最高的法律效力。主要用于公司对外发出的正式文件、合同、协议、证明文件等的签署或盖章。公章是公司对外表示意思、承担法律责任的标志，任何未经授权的公章使用都可能会给公司带来法律风险。

注意事项：由于公章的重要性，其使用应受到严格控制。通常，公章应由公司法定代表人或授权的高管保管，并在使用时遵循一定的审批流程。

（2）财务章。财务章主要用于与财务相关的各类票据、报表、凭证等的盖章。包括支票、汇票、发票、收据、对账单等。财务章的使用直接关系着公司的资金安全和财务管理规范，因此，其保管和使用必须严格遵守财务制度和相关法律法规。

注意事项：财务章应由公司财务部门负责人或指定专人保管，并建立健全的财务管理制度和印章使用登记制度，以确保财务印章的安全使用和有效管理。

（3）合同章。合同章主要用于公司对外签订的各类经济合同、协议等法律文件的盖章。合同章的使用能够明确合同双方的权利和义务，并确保合同的合法性和有效性。在签订合同前，使用合同章进行盖章是合同生效的必要条件之一。

注意事项：合同章应由公司法务部门或指定专人保管，并建立健全的合同管理制度和印章使用审批流程。在使用合同章前，应对合同内容进行仔细审查，确保合同条款的合法性和合理性。

（4）发票章。发票章是公司开具发票时使用的专用印章。根据我国税法规定，发票是记录经营活动、进行财务核算和税务检查的重要依据。因此，发票章的使用必须严格遵守税法规定和发票管理制度。

注意事项：发票章应由公司财务部门或指定专人保管，并在开具发票时按照税法规定和发票管理制度的要求进行使用。同时，应健全发票管理制度和印章使用登记制度，以确保发票的真实性和合法性。

（5）法人私章。法人私章是公司法定代表人的个人印章，通常用于与银行、税务等部门进行业务往来时的签名或盖章。法人私章的使用能够证明公司法定代表人的身份和意愿，对于维护公司权益具有重要意义。

注意事项：法人私章应由公司法定代表人本人或其授权人员保管，并在使用时严格遵守相关法律法规和公司制度。同时，应健全印章管理制度和使用审批流程，以确保法人私章的安全使用和有效管理。

2.如何妥善保管印章

公司应建立健全的印章管理制度，明确印章的种类、用途、保管人、使用审批流程等关键信息。制度应具有可操作性和可执行性，要能够确保印章的安全使用和有效管理。公司还应指定专人负责印章的保管工作，保管人应具备高度的责任心和法律意识，能够严格遵守印章管理制度和使用审批流程。同时，保管人应定期接受培训和考核，以确保其具备专业的印章管理知识和技能。

印章应存放在专用的保险柜中，保险柜应放置在安全、防火、防潮的环境中。保险柜的密码和钥匙应由专人妥善保管，不得随意泄露或交给他人。在保险柜的使用过程中，应定期进行安全检查和维护保养工作。

公司应建立印章使用登记制度，对每次印章的使用情况进行详细记录。记录内容包括使用人、使用时间、使用用途、审批人等关键信息。通过建立使用登记制度，可以实现对印章使用情况的追溯和监控，确保印章的安全使用。

公司应定期对印章的保管情况进行检查，以确保印章完好无损、未被盗用或遗失。同时，对印章的使用情况进行审计和抽查，确保印章的使用符合相关规定和制度要求。

公司应建立防范印章丢失或被盗用的风险预警机制，一旦发现印章丢失或被盗用的情况，应立即向公安机关报案并通知相关部门采取紧急措施。同时，公司应对印章管理制度和使用审批流程进行自查自纠，在发现问题时及时堵塞漏洞、消除隐患。

此外，随着数字化时代的到来，电子印章作为一种新型的印章形式正逐渐受到公司的青睐。电子印章具有便捷、高效、安全等特点，能够在一定程度上降低传统实体印章管理和使用的风险和成本。然而，电子印章的使用也需要严格遵守相关法律法规和技术标准，以确保电子印章的合法性、真实性和安全性。因此，公司在引入电子印章时，应充分考虑自身的技术实力和安全保障能力，选择合适的电子印章解决方案，并制定相应的管理制度和操作规范。

总之，公司印章的管理和使用是一项长期而复杂的工作，需要公司高度重视和精心管理。只有采取建立健全的管理制度、加强监管和检查、提高员工法律意识和专业技能等措施，才能确保公司印章被安全使用和有效管理，并为公司的持续健康发展提供有力支撑。

▶ 办证：组织机构代码证和税务登记证

在实行"三证合一""五证合一"登记制度改革的过程中，组织机构代码证和税务登记证的办理环节已经被整合到了营业执照的办理过程中。这一改革旨在简化公司登记流程，提高行政效率，减轻初创公司负担。

所谓"三证合一"，是将公司依次申请的营业执照、组织机构代码证和税务登记证三证合为一证。所谓"五证合一"，是实行营业执照、组织机构代码证、税务登记证、社会保险登记证和统计登记证五证合为一证。此外还有"一照一码"，是在此基础上更进一步通过"一口受理、并联申请、信息共享、结果互认"，实现由一个部门核发加载统一社会信用代码的营业执照。

本节就以"三证合一"为基础，深入介绍公司办理组织机构代码证和税务登记证的详细事宜。

1. 办理组织机构代码证

组织机构代码证由国家市场监督管理总局颁发，是对中国境内依法注册、依法登记的机关、企业、事业单位、社会团体和民办非企业单位颁发的一个在全国范围内唯一的、始终不变的代码标识。该证书是企业法人身份认证、银行开户、税务登记、社保缴纳等事务的必备证件。

办理组织机构代码证需要提交的材料包括：①营业执照副本原件及复

印件，要确保营业执照信息准确无误，且处于有效期内；②法定代表人身份证原件及复印件，作为公司的主要负责人，其身份证明是办理组织机构代码证的关键；③经办人身份证原件及复印件，如果由非法定代表人本人办理，还需提供经办人的身份证明及授权委托书；④公司章程或验资报告（部分地区可能要求），用于证明公司的组织结构、注册资本等基本情况；⑤其他可能需要的材料，如公司名称预先核准通知书、公司住所证明等，具体根据当地质监部门的要求而定。

将准备好的材料提交至当地的市场监督管理局窗口进行申请。同时，根据当地规定缴纳相应的费用。费用的标准因地区而异，具体金额可咨询当地质监部门或在其官方网站上查询。组织机构代码证的办理流程分为如下三步。

（1）申领并填写基本信息登记表。公司应向所在地的市场监督管理局提出申请办理组织机构代码证，并领取信息登记表。申请人需要按照规定填写信息登记表，并确保信息真实可靠。

（2）上交信息登记表。按要求填写好信息登记表后，申请人可以向市场监督管理局上交信息登记表以及营业执照原件（交验）复印件、法人代表身份证原件（交验）复印件。工作人员会对这些材料逐一审核，并给出答复。

（3）验证并打印代码证。待工作人员完成审核后，申请人就可以验证并打印组织机构代码证了。打印时，应仔细核对证书上的信息是否与企业实际情况一致，如有错误应及时提出并更正。为了确保申请工作能顺利进行，建议申请人提前将各种证件复印两份，以备不时之需。

2. 办理税务登记证

税务登记是企业依法纳税的前提和基础。通过税务登记，企业可以获得纳税人识别号（税号），用于办理税务申报、缴纳税款、领购发票等税务事项。同时，税务登记也是公司享受税收优惠政策、参与政府采购等活动的必要条件。

办理税务登记证所需提交的材料包括：①营业执照副本原件及复印件，作为公司的身份证明，是办理税务登记的核心材料；②组织机构代码证副本原件及复印件，证明公司已经取得了组织机构代码；③法定代表人身份证原件及复印件，用于确认公司负责人的身份；④公司章程或验资报告（部分地区可能要求），用于了解公司的组织结构、注册资本等信息；⑤经营场所租赁合同或产权证明（部分地区可能要求），用于证明公司的经营地址；⑥财务人员会计从业资格证及身份证（部分地区可能需要），用于证明公司具备依法纳税的行为能力；⑦税务登记表，可以从当地税务局网站下载或到税务局窗口领取填写。

将准备好的材料提交至当地税务局窗口进行申请。税务局会对提交的材料进行审核，核实企业的基本信息和经营状况。审核过程中，如发现材料不全或不符合要求，税务局会通知申请公司补充或更正。

审核通过后，税务局会为企业颁发税务登记证（或纳税人识别号通知书）。公司需凭有效证件及领取凭证到税务局窗口领取。领取时，同样应仔细核对证件上的信息是否准确无误。

领取税务登记证后，公司还需根据税务局的要求办理其他税务事项，如设置账簿、申报税种、领购发票等。这些事项的具体办理流程和所需材料可咨询当地税务局或在其官方网站上查询。

成功办理组织机构代码证和税务登记证后，公司应妥善保管这些重要证件及其相关资料。这些证件不仅是公司合法经营的凭证，也是后续参与各类经济活动、享受政策优惠的依据。因此，公司应建立完善的档案管理制度，将证件、资料分类存放，并定期进行检查和更新，以确保其完整性和有效性。

▶ 开户：开设日常使用的对公银行账户

对于一家新创公司而言，拿到营业执照，刻制了公章后，还需要开立一个基本存款账户，即对公账户，是银行为公司开立的用于办理结算及信贷、现金存取等业务的账户，即公司办理转账结算和现金收付的主办账户。公司经营活动的日常资金收付，以及工资、奖金和现金的支取均应通过对公账户办理。

与个人账户相比，对公账户具有更高的安全性、更严格的监管要求和更广泛的功能应用。按照规定，一家公司可以以一位法定代表人的名义选择一家银行开立一个对公账户。

开立对公账户没有门槛限制，但申请开户时需要准备相应的材料，具体如下：

（1）营业执照及副本。营业执照是公司合法经营的凭证，也是开设对公账户的首要资料。银行会要求公司提供原件及加盖公章的复印件，以验证企业的真实性和合法性。

（2）组织机构代码证及副本。虽然近年来随着"多证合一"政策的推进，组织机构代码证已与营业执照合并，但在某些地区或特定情况下，银行仍可能要求提供组织机构代码证的相关信息或证明。

（3）税务登记证及副本。税务登记证是企业依法纳税的证明，也是银行评估公司信用和税务合规性的重要依据。新创公司需确保已完成税务登记，并准备好税务登记证的原件及复印件。

（4）法定代表人身份证原件及复印件。法定代表人是公司的法律代表，其身份证是银行核实公司身份的关键。因此，公司需提供法定代表人的身份证原件及加盖公章的复印件。

（5）经办人身份证原件及复印件。如果非法定代表人本人前往银行办理开户手续，还需提供经办人的身份证原件及复印件，以及法定代表人出具的授权委托书。

（6）公司章程或合伙协议。公司章程或合伙协议是企业的基本法律文件，规定了公司的组织结构、经营范围、股东权益等重要事项。银行可能会要求创业者提供这些文件的复印件以了解初创公司的基本情况。

（7）公司公章、财务章及法定代表人私章。这些印章是公司进行财务结算、合同签订等事务的必备工具。银行在审核公司资料时，可能会要求加盖相关印章以确认公司的真实意图。

（8）经营场所证明。如房屋租赁合同、产权证明等，用于证明公司的实际经营地址。部分银行可能会进行实地考察，以确认公司的经营场所真实存在且符合规定。

（9）银行要求的其他材料。不同银行对于开户资料的要求可能会有所不同，公司应根据目标银行的具体要求准备相应的材料。例如，部分银行可能要求提供公司的基本户开户许可证、验资报告等。

准备好上述材料后，新创公司的法定代表人或经办人就可以携带材料去银行办理开立对公账户事宜了。

首先，新创公司应根据自身需求选择合适的银行。考虑因素包括银行的信誉、服务质量、费用标准、网点分布等。可以通过咨询同行、查询银行官网或前往银行网点实地考察等方式进行比较和选择。

确定目标银行后，公司需提前预约开户时间。可以通过银行官网、电话银行、微信公众号等渠道进行预约。预约时需告知银行所需开设的账户类型（如基本户、一般户等）及预计携带的资料清单。

在预约的开户时间内，企业需携带准备好的资料前往银行网点。银行工作人员会对公司提交的资料进行逐一审核，以确保资料的真实性和完整性。审核过程中，如发现资料不全或不符合要求，银行会及时通知公司进行补充或更正。

审核通过后，银行会与公司签订"银行结算账户管理协议"等相关文件，明确双方的权利和义务。同时，公司需要按照银行规定缴纳开户费、工本费等相关费用。费用的具体标准因银行而异，公司应提前了解并做好预算。

签订协议并缴纳费用后，银行会为公司设置对公账户并分配账号。公司需要按照银行要求设置账户密码、预留印鉴等安全措施。设置完成后，账户即可正式启用。部分银行可能会要求公司前往柜台或通过网上银行进行首次资金存入以激活账户。

对公账户开设后，公司需要定期进行账户余额查询、对账、交易记录打印等管理工作。同时，还需关注银行账户的安全性和合规性，以避免发生信息泄露、非法交易等风险事件。此外，公司还应根据银行要求及时更新和完善账户资料信息，以确保账户的正常使用和公司的合法权益。

在开设和使用对公账户的过程中，公司应严格遵守国家相关法律法规和银行规章制度。在开户及后续使用过程中，公司应与银行保持良好的沟通。及时了解银行的政策调整、费用变动等信息；在遇到问题时，应积极地向银行咨询并寻求解决方案。

总之，开设对公银行账户是新创公司迈向正规化经营的重要一步。顺利完成开户流程并有效管理对公账户，将为公司的日常运营和未来发展提供有力支持，并助力公司实现稳健成长和可持续发展。

▶ 税控：申办税控器，核定申请发票

公司拿到了营业执照，在进行了公章刻印、办理组织机构代码证和税务登记证、开设对公账户后，还需要申办税控器，并核定申领发票。

税控器的全称为税控收款机或税控盘，是国家为加强税收征管，防止税款流失而推广使用的一种电子设备。通过内置软件对发票的开具、打印、数据传输等过程进行监控，可以确保每一笔交易的真实性和税收的足额缴纳。对于公司而言，拥有税控器意味着能够合法、规范地开具发票，是企业参与市场竞争、赢得客户信任的基本条件之一。

在申办税控器之前，首先要全面了解税务机关关于税控器的最新政策、规定及技术要求。包括但不限于税控器的型号选择、购置成本、使用维护要求以及相关的税收优惠政策等。

目前市场上存在多家税控服务提供商，公司可根据自身需求、预算及服务商的口碑、技术支持能力等因素进行综合考量，选择最适合自己的服务商。服务内容通常包括税控器的销售、安装、调试、培训及后续的维护服务等。

申办税控器需准备一系列材料，包括但不限于：①公司法人营业执照副本原件及复印件；②税务登记证副本原件及复印件；③银行开户许可证原件及复印件；④公司法定代表人身份证原件及复印件；⑤经办人身份证原件、复印件及授权委托书（如非法定代表人亲自办理）；⑥公司公章、财务章等相关印章；⑦其他根据当地税务机关要求提供的材料。

将准备好的材料提交至当地税务机关或指定的税控服务窗口，由工作

人员进行审核。审核通过后，公司需按照要求缴纳相关费用（如税控器购置费、技术服务费等），并等待税控器的配置与安装。

税控器到货后，服务商将安排专业人员上门进行安装、调试，并对公司财务人员进行操作培训，以确保其能够熟练掌握税控器的使用方法及日常维护技巧。

当然，是否必须购买税控设备取决于初创公司的具体情况和开票需求。对于新办公司或在特定情况下，如使用电子发票服务平台，纳税人可以免费领取税务UKey来开具发票，无须购买税控设备。但无论是否需要购买税控器，只要符合国家相关法律法规的规定即可。

然后公司就可以到税务机关申领发票了，所申领的发票会因公司具体业务的不同而有所不同。但不论哪种类型的发票，只有加盖公司的发票专用章之后才能生效。因此，在申请发票之前，公司需根据自身经营范围、业务需求及税务机关的规定，明确所需发票的种类（如增值税普通发票、增值税专用发票等）及最高开票限额。

公司初次申领发票与第二次及以后申领发票所需的材料是不同的。公司初次申领发票需要准备的材料包括：①"纳税人领用发票票种核定表"两份；②加载"统一社会信用代码"的营业执照或税务登记证；③公司法定代表人身份证原件及复印件；④经办人身份证及复印件（如非法定代表人亲自办理）；⑤发票专用章印模。

将准备好的申请材料提交至税务机关，由工作人员进行审核。审核过程中，税务机关可能会对公司的经营情况、财务状况等进行评估，以确定其是否符合申请发票的条件。审核通过后，税务机关将为公司办理发票领购手续，并发放相应的发票。

公司在日常经营中，应严格遵守国家关于发票管理的各项规定，包括但不限于：真实、准确、完整地开具发票；不得虚开、伪造、变造、买卖、转让、代开发票；妥善保管发票存根联和发票登记簿，定期向税务机关报送相关报表；积极配合税务机关的发票检查与稽查工作。

通过本节的介绍，相信读者已对申办税控器与核定申请发票这两项工作的流程、要点有了全面的了解。然而，实际操作中仍可能遇到其他问题与挑战，建议公司在办理过程中保持与税务机关及服务商的密切沟通，并及时解决遇到的问题。

▶ 社保：申请办理社会保险登记

为所有员工缴纳五险一金，是法律规定的企业责任。初创公司需深入学习国家和地方关于社会保险的相关法律法规，包括《中华人民共和国社会保险法》《社会保险费征缴暂行条例》等。这些法规详细规定了社会保险的种类（如养老保险、医疗保险、失业保险、工伤保险、生育保险，部分地区已"五险合一"）、缴费基数、缴费比例及参保人员的权利与义务，能为公司办理社会保险登记提供法律依据。

五险一金是用人单位给予劳动者的几种保障性待遇的合称，包括养老保险、医疗保险、失业保险、工伤保险和生育保险，以及住房公积金。这些保障性待遇旨在为劳动者提供全面的社会保障，确保他们在面临各种生活风险时能够得到相应的经济支持和医疗保障。

（1）基本养老保险。全称是社会基本养老保险，是根据法律法规，为解决劳动者在达到国家规定的解除劳动义务的劳动年龄界限或因年老丧失劳动能力退出劳动岗位后的基本生活，而建立的一种社会保险制度。基本养老保险费由单位（公司）和劳动者按不同缴费比例共同缴纳。

（2）基本医疗保险。这是为了补偿劳动者因疾病风险造成的经济损失，如住院、门诊、购药等费用，而建立的一项社会保险制度。基本医疗保险费由单位（公司）和劳动者按不同缴费比例共同缴纳。

（3）失业保险。国家通过立法强制实行的，通过由用人单位（公司）缴费、劳动者个人缴费及国家财政补贴等渠道，筹集资金建立失业保险基金，对因失业而暂时中断生活来源的劳动者提供物质帮助，以保障其基本生活，并通过专业训练、职业介绍等手段为其再就业创造条件的社会保险制度。享受失业保险的条件是，非因本人意愿中断就业，已办理失业登记并有继续求职要求，按照规定参加失业保险且所在单位（公司）和劳动者本人已按照规定履行缴费义务满1年。

（4）工伤保险。劳动者在工作中或在规定的特殊情况下，遭受意外伤害或罹患职业病导致暂时或永久丧失劳动能力以及死亡时，劳动者或其直系遗属可以从国家和社会获得物质帮助的一种社会保险制度。

（5）生育保险。女性劳动者因怀孕和分娩暂时中断劳动时，由国家或社会对生育的女性劳动者给予必要的经济补偿和医疗保健的社会保险制度。生育保险待遇分为两项，生育津贴和生育医疗待遇。

（6）住房公积金。国家机关、国有企业、城镇集体企业、外商投资企业、城镇私营企业及其他城镇企业、事业单位、民办非企业单位、社会团体及其在职职工缴存的长期住房储金。

一般情况下，社保账户应由公司到所在地的社会保险行政部门进行开设。根据公司的实际情况，明确哪些员工需要纳入社会保险体系，与公司签订正式劳动合同的全职员工均需参保。同时，也要关注临时工、兼职人员等特殊群体的参保政策，以确保合规操作。

公司办理社会保险登记需要准备的相关材料有：①公司基本信息，营业执照副本、组织机构代码证（或已并入统一社会信用代码证）、税务登记证（同样或已合并为营业执照）、开户许可证等；②法定代表人及经办人资料，身份证复印件、授权委托书（如非法定代表人亲自办理）、联系方式等；③员工信息，员工花名册、身份证复印件、劳动合同复印件等；④其他材料，根据不同地区要求，可能还需要提供公司章程、社保参保承诺书等文件。

许多地区已实现社会保险登记业务的线上预约和办理，初创公司可通过当地社保局的官方网站或微信公众号进行预约。对于不熟悉流程的企业，建议先通过电话或现场咨询了解详细步骤和所需材料，以确保一次办成。

按照预约时间，携带准备好的材料前往社保部门窗口或指定的服务网点提交申请。工作人员会审核材料的完整性和真实性，对不符合要求的材料会当场指出并指导补充。

审核通过后，公司将获得社会保险登记证或相应的电子证照。这是公司为员工办理社会保险、享受相关政策优惠的重要凭证，需妥善保管。

根据社保局的要求，公司需开设社保专用账户或指定现有银行账户用于社保费用缴纳。随后，根据员工的工资基数和当地规定的缴费比例，计算并缴纳社会保险费用。

总之，初创公司申请办理社会保险登记是一项重要且复杂的工作，需要公司高度重视、精心准备。通过规范的操作和有效的管理，不仅能够履行企业的法定义务，还能为公司的长远发展奠定坚实的人才基础。

➤ 商标：及时申请，公司的无形资产

初创公司往往携带着新颖的技术、独特的商业模式或者丰富的创意，试图在激烈的市场竞争中开辟一片天地。初创公司要想快速脱颖而出，除了拥有创新的产品或服务外，构建一个独特且强有力的品牌同样至关重要。而商标，作为品牌识别的重要标志，其及时申请与妥善管理，对于初创公司的长远发展有着不可估量的价值。

商标，是商品或服务的生产者、经营者在其生产、制造、加工、拣选或者经销的商品上或者提供的服务上采用的，用于区别商品或服务来源的，由文字、图形、字母、数字、三维标志、声音、颜色组成，或上述要素的组合，具有显著特征的标志。商标不仅承载着公司的品牌形象，更是公司无形资产的重要组成部分，对于提升品牌价值、增强市场竞争力具有重要意义。

对于初创公司而言，申请商标的时机至关重要。一般来说，公司在成立之初就要考虑商标的申请事宜。主要是因为商标申请过程需要一定的时间，而且越早申请就越能抢占市场先机，并避免与竞争对手在商标上产生冲突。此外，初创公司在产品开发初期就应明确品牌定位和商标设计方向，以确保商标能够准确传达出公司的品牌形象和价值观。

商标申请流程大致包括以下几个步骤：确定注册范围、商标查询、材料准备、提交申请、形式审查、实质查审、初审公告、注册公告及领证。

1. 确定注册范围

步骤概述：在申请商标前，初创公司首先需要明确商标的注册范围，

即确定商标将用于哪些商品或服务上。这涉及《商标注册用商品和服务国际分类》（尼斯分类）中的具体类别选择。合理的注册范围能确保商标在相关领域内得到有效保护。

操作建议：根据公司的业务范围和发展规划，仔细研究尼斯分类表，选择最符合自身需求的商品或服务类别进行注册。

2. 商标查询

步骤概述：商标查询是申请前的重要步骤，旨在检查拟申请的商标是否与已注册或正在申请中的商标存在冲突，有助于避免因商标近似或相同而导致的申请驳回或侵权纠纷。

操作建议：利用国家知识产权局商标局官方网站或专业商标查询平台进行查询，以确保商标的独特性和可注册性。

3. 准备资料

步骤概述：根据商标局的要求，准备并提交完整的商标申请资料。所需资料清单：①商标图样，清晰、规范的商标图样，符合商标局规定的尺寸和格式要求；②商标申请书，填写完整、准确的商标申请书，包括商标名称、申请人信息、注册类别等；③申请人身份证明，如公司营业执照副本复印件、法定代表人身份证复印件等；④操作建议，确保所有资料真实、有效、完整，并按照商标局的要求进行整理和提交。

4. 提交申请

步骤概述：将准备好的商标申请资料提交至国家知识产权局商标局或其指定的受理窗口/网上平台。

操作建议：选择合适的提交方式（如邮寄、现场提交或网上提交），并关注商标局的受理通知和缴费要求。

5. 形式审查

步骤概述：商标局在收到申请后，首先会进行形式审查。这一步主要是为了检查申请资料是否齐全、格式是否符合要求等。

审查要点：商标图样是否清晰、申请书填写是否准确、资料是否齐全等。

操作建议：积极配合商标局的形式审查工作，及时补正或修正不符合要求的资料。

6. 实质审查

步骤概述：通过形式审查后，商标局将对商标进行实质审查。这一步主要评估商标是否具有可注册性，包括是否违反商标法规定的禁用条款、是否与已注册或正在申请中的商标构成冲突等。

审查要点：商标的显著性、独创性、与在先权利的冲突等。

操作建议：关注商标局的审查进展，如收到驳回通知，可根据驳回理由提出复审申请或修改商标后重新申请。

7. 初审公告

步骤概述：经过实质审查认为商标符合注册条件的，商标局将予以初步审定并公告。公告期为三个月，这期间任何人都可以对初步审定的商标提出异议。

操作建议：关注公告期的动态，及时应对可能出现的异议情况。

8. 注册颁证

步骤概述：公告期满无异议或异议不成立的，商标局将核准商标注册并颁发商标注册证。至此，商标申请流程结束，商标正式获得法律保护。

操作建议：收到商标注册证后，妥善保管并规范使用注册商标，同时关注商标的续展和维护工作。

通过以上八个步骤的详细阐述，我们可以看出初创公司的商标申请流程是一个复杂且严谨的过程。只有认真准备、严格遵循相关规定和流程，才能确保商标成功注册并获得有效的法律保护。

商标注册成功后，公司还需进行持续的管理和维护工作，包括商标的规范使用、商标的续展申请、商标的监控与维权等。只有做好这些工作，才能确保商标的稳定性和持久性，并确保其能为公司品牌的长远发展提供最强助力。

▶ 记账：选择合适的代账公司

在初创公司的经营之路上，财务管理是不可或缺的重要环节。面对纷繁复杂的财务事务，初创公司往往需要在有限的资源下做出决策：是自建财务团队，自聘会计进行记账管理；还是选择将这部分工作外包给专业的第三方代账公司？本节旨在探讨自聘会计记账与第三方代账公司的优缺点，并为初创公司提供如何选择最适合代账公司的指南。

1. 自聘会计记账的优缺点

优点：

（1）灵活性与控制力。自聘会计意味着企业可以根据自身需求灵活安排工作时间和任务，对财务状况有更高的掌控力。会计团队能够深入理解公司的业务模式和战略方向，提供更加个性化的财务建议。

（2）保密性与忠诚度。内部员工对公司的业务、文化和机密信息有更高的敏感度和责任感，能够更好地保护公司的财务数据安全，减少信息泄露的风险。同时，长期合作的会计团队也会建立起对公司的忠诚感。

（3）全面参与。自聘会计可以更深入地参与公司的经营管理，不仅能在记账报税方面提供帮助，还能在成本控制、预算管理、财务分析等方面发挥积极作用，从而促进公司财务管理水平的提升。

缺点：

（1）成本高昂。聘请专业的会计人员需要支付相对较高的薪酬和福利，这对于资金紧张的初创公司而言是一笔不小的开销。此外，还需要承担招聘、培训、管理等额外成本。

（2）专业限制。虽然自聘会计在熟悉公司业务方面具有优势，但在某些专业领域（如税务筹划、审计等）可能缺乏足够的专业知识和经验，难以满足公司全面发展的需要。

（3）资源占用。财务工作需要投入大量时间和精力，自聘会计会占用公司的人力资源，尤其是在业务繁忙时期，可能会影响公司其他重要工作的推进。

2. 第三方代账公司的优缺点

优点：

（1）成本效益。相较于自聘会计，第三方代账公司通常能以较低的成本提供高质量的财务服务。初创公司可以根据实际需求选择服务项目，避免不必要的开支。

（2）专业性强。代账公司拥有专业的财务团队和丰富的行业经验，能够为公司提供全方位的财务服务，包括但不限于记账、报税、财务分析、税务筹划等。特别是在税务政策频繁变动的情况下，代账公司能够迅速适应并为公司提供合规建议。

（3）节省时间与精力。将财务工作外包给代账公司后，初创公司可以将更多精力投入核心业务的发展上，无须为烦琐的财务事务分心。

缺点：

（1）信息安全风险。虽然代账公司通常会采取严格的保密措施，但财务信息的外流风险依然存在。初创公司需要仔细评估代账公司的信息安全管理能力，以确保其能够保护公司财务数据的安全。

（2）沟通成本。与第三方代账公司的沟通可能需要一定的时间和努力，尤其是在初期建立合作关系时。双方需要就工作范围、服务标准、沟通机制等方面进行深入交流，以确保合作顺利进行。

（3）依赖性强。一旦将财务工作完全外包给代账公司，初创公司可能会对其产生较强的依赖性。若代账公司服务质量下降或合作关系中断，可能会对公司的正常运营造成不利影响。

以上我们分析了自聘会计和第三方代账的优劣势，其实就是不做分析比较，也会知道选择自聘会计更有利于公司的实际经营。但初创公司的经济实力和时间成本，通常都不允许自聘会计，聘请第三方代账公司是最好的过渡性选择。因此，下面将重点介绍如何选择适合自己公司的代账公司。

一是要明确代账需求。初创公司应首先明确自身的财务需求，包括需要哪些具体的财务服务、预算范围、服务期限等。以便缩小选择范围，找到最符合需求的代账公司。

二是考察资质与经验。选择代账公司时，应重点关注其是否具备相关资质证书、是否拥有丰富的行业经验以及成功案例，这些因素直接关系代账公司的专业水平和服务质量。

三是了解服务内容与价格。详细询问代账公司提供的服务内容、服务流程、收费标准等，以确保双方对服务范围和价格有清晰的认识。同时，也要注意避免陷入低价陷阱，选择性价比高的代账公司。

四是评估信息安全能力。了解代账公司的信息安全管理措施，包括数据加密、访问控制、应急响应等方面，以确保代账公司能够保护公司财务数据的安全。

五是考察沟通与协作能力。与代账公司进行初步沟通，了解其沟通机制、响应速度以及团队协作能力，选择那些能够提供及时、专业、高效服务的代账公司。

六是签订正式合同。在确定合作意向后，初创公司与代账公司应签订正式的合同或协议，明确双方的权利和义务、服务内容、价格、保密条款等关键条款，以便于维护双方的合法权益并减少纠纷的发生。

总之，初创公司在选择代账公司时应综合考虑多方面因素，找到最适合自身需求的合作伙伴。通过合理规划和精心挑选，初创公司可以充分利用代账公司的专业优势，降低财务成本、提高经营管理效率。

运营篇

第六章　商业计划：绘制创业蓝图

▶ 市场分析与目标客户的确定

在创业过程中，一个全面且周密的商业计划至关重要。商业计划不仅是创业者展示自己理念和目标的重要工具，也是吸引投资者、合作伙伴以及确保公司顺利发展的基础。其中，市场分析和目标客户的确定是商业计划中的核心环节，直接决定了公司的市场定位、产品策略以及营销策略。

1. 市场分析

市场分析是商业计划的基础，通过深入的市场调研，创业者可以了解行业的现状、发展趋势、竞争格局等关键信息，从而为公司的产品定位、市场策略制定提供有力依据。市场分析主要包括以下三个方面。

（1）行业趋势分析。了解行业的整体发展趋势，预测未来市场规模和增长潜力，有助于公司把握市场机遇，规避潜在风险。

（2）竞争格局分析。分析行业内的主要竞争对手，包括他们的产品、价格、市场份额、营销策略等，有助于公司找到自身的竞争优势和主要特点。

（3）目标市场分析。根据产品或服务的特性，确定目标市场的特点和需求，为后续的营销策略制定提供指导。

市场分析的实施方法通常围绕着收集信息、实地调研和数据分析三个方面展开。收集信息是通过查阅行业报告、咨询专家、参加行业会议等方式，广泛收集行业相关信息。实地调研是深入目标市场进行实地调研，了解市场需求、竞争态势等实际情况。数据分析是运用统计学、数据分析等工具，对收集到的信息进行整理和分析，提炼出有价值的市场信息。

2. 确定目标客户

目标客户是公司产品或服务的直接受众，确定目标客户是制定营销策略、实现销售目标的关键。在确定目标客户时，创业者需要考虑以下三个方面。

（1）客户群体细分。根据客户的年龄、性别、地域、收入、职业等因素，对客户群体进行细分，以便更好地了解不同客户群体的需求和特点。

（2）识别目标客户。在客户群体细分的基础上，结合产品或服务的特性，识别出最具潜力的目标客户群体。这些客户群体通常具有较高的购买意愿和支付能力，且与公司的产品或服务具有较高的匹配度。

（3）了解目标客户需求。通过市场调研、客户访谈等方式，深入了解目标客户的需求和痛点，为产品的改进和优化提供方向。

确定目标客户的实施方法通常围绕市场调研、数据分析、社交媒体分析展开。市场调研是通过问卷调查、深度访谈等方式，收集目标客户的信息，了解他们的需求和偏好。数据分析是利用数据分析工具对收集到的数据进行分析，发现目标客户的行为模式和购买习惯。社交媒体分析是通过社交媒体平台了解目标客户的言论、观点和兴趣，以获取更深入的客户洞察。

3. 公司案例分析

汉鑫科技作为一家专注于智能制造领域的公司，在创业初期就进行了深入的市场分析和目标客户确定。首先，汉鑫科技对行业趋势进行了深入研究，发现智能制造领域具有广阔的市场前景和巨大的发展潜力。接着，公司进行了竞争格局分析，发现市场上的竞争对手主要集中在传统制造业领域，而智能制造领域的竞争尚不激烈。因此，汉鑫科技决定将自己的产品定位为智能制造解决方案提供商，以填补市场空白。

在确定目标客户时，汉鑫科技将目标客户群体定位为制造业企业中的中高端市场。这些公司通常具有较高的技术水平和创新能力，对智能制造解决方案有迫切的需求。为了深入了解这些客户的需求和痛点，汉鑫科技进行了大量的市场调研和客户访谈。通过这些活动，公司发现客户最关心的是产品质量、生产效率和成本控制等方面的问题。因此，汉鑫科技在产品设计时特别注重这些方面的优化和改进，以满足客户的需求。

汉鑫科技在创业过程中，通过深入的市场分析和精准的目标客户定位，成功获得了市场认可和客户信任，并在信息系统集成服务领域取得了良好的成绩。因此，对于正在寻求创业机会的创业者而言，深入进行市场分析和精准定位目标客户，是制订成功商业计划的关键步骤之一。

▶ 产品或服务的设计与定位

完善的商业计划，对于创业公司的成功至关重要。商业计划旨在详细阐述一个创业项目在产品或服务的设计、市场定位、营销策略、运营计划、风险评估以及财务预测等方面的规划和执行，目的是为创业项目提供清晰的方向和策略，以确保项目的顺利实施并取得成功。

产品或服务的设计是创业项目的核心。建议创业者根据市场分析结果，来设计符合用户需求的产品或服务。以下是一般的产品或服务设计思路。

（1）功能设计。根据用户需求和市场趋势，设计出功能丰富、易于使用的产品或服务。通过不断创新和改进，不断提升产品或服务的竞争力。

（2）用户体验设计。应注重用户体验，通过简洁明了的界面设计、流畅的操作流程以及优质的客户服务，来提升用户的满意度和忠诚度。

（3）技术架构。采用先进的技术架构和可靠的服务器设施，以确保产品或服务的稳定性和安全性。同时，不断关注新兴技术的发展，并将其应用于产品或服务中，以提升产品的技术含量和附加值。

产品或服务的定位是确定产品或服务在目标市场中的位置和竞争优势的过程。建议创业者根据市场分析结果和产品或服务设计思路，对产品进行如下定位。

（1）品质定位：即以高品质、高性能的产品或服务赢得用户的信任和口碑，通过不断优化产品质量和性能，提升品牌的知名度和美誉度。

（2）价格定位：应该根据目标市场的价格敏感度和竞争态势，制定合理的价格策略，通过提供性价比高的产品或服务，吸引更多的用户和客户。

（3）市场定位：即针对××行业的中小企业和个人用户，提供定制化、专业化的解决方案，通过深入了解用户需求和市场变化，不断调整和优化产品或服务，以满足用户需求。

曙光数创是一家专注于云计算、大数据和人工智能领域的创新型科技公司。在产品设计之初，曙光数创深入调研了目标客户的需求和痛点。通过市场调研、客户访谈、数据分析等手段，公司准确把握了客户在云计算、大数据和人工智能等领域的实际需求，从而为产品设计提供了有力的支持。在产品设计过程中，曙光数创注重技术创新，不断引入新技术、新应用，以提升产品的技术水平和竞争力。公司拥有一支高素质的技术研发团队，能够迅速响应市场需求，推出具有竞争力的新产品。

曙光数创将目标市场定位于中小企业、政府机构以及教育行业等领域。这些领域对云计算、大数据和人工智能等服务需求量大，且具有一定的市场潜力。曙光数创凭借丰富的行业经验和专业的技术实力，能够满足这些领域的客户需求。

产品与服务的设计与定位虽然可以在短时间内制定出来，但要实施到位却需要长期的策略性坚持。其重点是始终坚持以客户需求为导向，不断优化产品设计和功能配置；以技术创新为核心驱动力，不断提升产品和服务的技术含量和附加值；保持品质与服务并重，确保产品和服务的质量和稳定性；通过差异化竞争策略，形成自身独特的竞争优势。

由此可见，曙光数创在商业计划中成功运用了产品与服务的设计与定位策略。未来，曙光数创将继续秉承这一策略，不断创新和进步，并为客户提供更加优质的产品和服务，实现公司的可持续发展。

其他所有正在创业或意欲创业的创业者，都可以通过前面的理论阐述与曙光数创的案例分析得到有益的启发。创业者必须持续关注市场动态和技术发展趋势，不断调整和优化产品或服务策略，并加强与其他企业和合作伙伴的合作与交流，来共同推动行业的发展。

我们坚信，在团队的努力和市场的支持下，我们的创业项目将取得辉煌的成就。

▶ 营销策略与推广渠道的规划

创业公司的商业计划中，营销策略与推广渠道的规划至关重要。营销策略的制定，不仅需要考虑产品的定价、促销策略，还需要灵活地应对市场变化。推广渠道的选择决定了信息的触达范围，多渠道推广能有效提升品牌知名度。同时，营销效果评估能持续优化策略，并确保资源投入的最大化。

在制定营销策略之前，创业者需要先进行目标市场分析和产品定位。目标市场分析是制定营销策略的基础，需要明确目标市场的规模、增长潜力、竞争格局以及消费者需求等关键信息。产品定位是公司根据市场需求和自身资源，确定产品在目标市场中的竞争地位和特色。

1. 制定营销策略

在明确目标市场和产品定位后，创业者需要制定相应的营销策略。营销策略主要包括产品策略、价格策略、渠道策略和促销策略。

（1）产品策略：根据市场需求和产品定位，优化产品设计和生产流程，以确保产品质量满足消费者需求。

（2）价格策略：根据市场竞争状况和消费者需求，制定合理的价格策略，以确保产品定价具有竞争力和盈利能力。

（3）渠道策略：选择合适的销售渠道和合作伙伴，以确保产品能够覆盖目标市场并实现有效销售。

（4）促销策略：制定多样化的促销活动和优惠政策，以吸引消费者购买并提升品牌知名度。

2. 规划推广渠道

推广渠道的规划是实现营销策略的重要手段，创业者需要根据目标市场的特点和消费者需求，选择合适的推广渠道和方式。

（1）线上推广：通过社交媒体、搜索引擎优化（SEO）、内容营销、网络广告等线上渠道进行品牌宣传和产品推广，能提高产品或服务的曝光度和知名度。建立官方网站和在线商城，为用户提供便捷的购买渠道和优质的售后服务。

（2）线下推广：参加行业展会、举办产品发布会与路演、开展合作推广以及地推等线下活动，增加品牌曝光度和市场认知度，目的都是增加与消费者互动的机会。

（3）合作伙伴关系：与产业链上下游企业建立战略合作关系，共同开拓市场并实现资源共享。

（4）客户关系管理：建立完善的客户关系管理体系，通过定期回访、问卷调查等方式了解用户需求和反馈意见，并及时解决用户问题，可以提升用户满意度和忠诚度。

3. 运营计划

为确保营销策略的顺利实施和推广渠道的长期通畅，创业者还需制订整体的运营计划，可结合产品或服务的设计、产品或服务的定位以及营销策略，制订以下运营计划。

（1）团队建设：组建一支专业、高效、协作的团队，负责产品或服务的研发、运营、销售等工作。通过定期培训和考核，提升团队成员的专业素质和业务能力。

（2）供应链管理：与优质供应商建立长期稳定的合作关系，以确保原材料和零部件的质量和供应稳定性；同时，优化库存管理，以降低库存成本和风险。

（3）售后服务：建立完善的售后服务体系，为用户提供及时、专业的技术支持和解决方案，通过不断提高售后服务质量，提升用户满意度和忠诚度。

在制定营销策略和推广渠道规划后，创业者还需要编制详细的预算和执行计划。预算应包括各项营销活动的费用支出和预期收益；执行计划则包括各项营销活动的具体时间表、责任人和执行步骤。

在实施营销策略和推广渠道规划后，创业者还必须定期评估其效果并进行调整。评估指标应包括销售额、市场份额、客户满意度等关键指标。

通过数据分析和市场调研，创业者可以发现问题和不足，并及时调整策略和方案以提高营销效果。

通过以上的阐述与分析，可以看到创业公司在营销策略与推广渠道方面必须制订出详细而周密的计划。制定有效的营销策略和推广渠道规划以及做好预算与执行计划、效果评估与调整，可以为创业公司的成功奠定坚实基础。

➤ 财务预测与投资回报分析

在任何领域创办公司，财务预测与投资回报分析都是商业计划不可或缺的一部分。它们不仅为创业者提供了明确的财务目标，还能帮助投资者评估项目的潜力和风险。本节将以天宏锂电为例，深入探讨商业计划中的财务预测与投资回报分析，以期为创业者提供有益的参考。

1. 财务预测

财务预测是创业者基于市场分析、竞争态势、公司战略规划等因素，对公司未来一定时期内的财务状况进行预测和估算的过程。

在收入预测方面，公司需要综合考虑市场需求、产品定价、销售策略等因素，并根据目标市场的市场规模、价格策略以及市场份额等因素预测收入规模。同时，关注市场变化和用户需求变化，并及时调整收入预测。

在成本预测方面，根据产品或服务的生产成本、运营成本以及市场推广成本等因素预测成本规模。同时做好成本控制，注重提高生产效率、降低原材料采购成本、优化供应链管理等措施，以实现成本的有效降低。

在利润预测方面，公司需要根据收入预测和成本预测的结果，合理预测未来的利润水平。公司可以通过不断提升产品或服务的质量和性能，优化价格策略，以及控制成本等方式，实现可持续的利润增长。然而，在创业初期，由于研发投入、市场推广等费用的增加，公司可能会面临一定的利润压力。因此，创业者需要制定合理的财务策略，以确保公司的稳健发展。

在现金流预测方面，公司应根据市场需求、销售预测以及财务状况等因素，制订合理的现金流预测计划，以确保公司有足够的现金流支持日常运营和扩张计划。

2.投资回报分析

投资回报分析是评估创业项目投资效益的重要工具。在创业过程中，投资回报分析有助于创业者了解项目的投资潜力、风险收益比等信息，从而为投资决策提供有力支持。

首先是投资回报率计算。投资回报率计算主要依据公司的收入预测、成本预测和利润预测结果。通过计算项目的净现值、内部收益率等指标，可以得出项目的投资回报率。创业者需要关注投资回报率的稳定性和可持续性，以确保项目的长期投资效益。

其次是风险因素分析。创业过程中经常会面临的市场风险、技术风险、竞争风险等都需要进行充分评估。创业者需要制定针对性的风险应对措施，以降低投资风险，并确保项目的顺利实施。

最后是敏感性分析。这是一种用于评估关键因素对项目投资回报率影响的方法。公司在进行投资回报分析时，可以运用敏感性分析方法，评估产品价格、市场需求、原材料价格等因素，对项目投资回报率的影响程度。通过敏感性分析，创业者可以更好地把握市场机遇和风险挑战，并制订合理的商业计划。

3.公司案例分析

天宏锂电作为一家从事锂离子电池模组研发、设计、组装和销售的国家高新技术公司，在创业期间需要进行精细化的财务预测与投资回报分析。以下是针对天宏锂电的具体分析。

（1）财务预测分析

对于收入的预测。天宏锂电凭借其在锂离子电池模组领域的技术优势和市场竞争力，预计自创业伊始到未来几年将实现收入的快速增长。且随着新能源市场的不断扩大和产品的持续优化升级，公司有望实现市场份额的进一步扩大。

对于成本的预测。天宏锂电注重成本控制和供应链管理，通过提高生产效率和优化采购策略等措施降低了生产成本。同时，随着公司规模的扩大和技术创新的推进，公司将有望实现成本的进一步降低。

对于利润的预测。虽然创业初期可能会面临一定的利润压力，但随着收入的增长和成本的降低，公司有望实现利润的快速增长。同时，随着公司品牌影响力的提升和市场份额的扩大，公司的盈利能力也将得到进一步提升。

（2）投资回报分析

从投资回报率的角度来看，天宏锂电的创业项目具有较高的投资潜力。通过精细化的市场分析和战略规划，公司能够准确把握市场机遇，降低投资风险，实现稳健的投资回报。同时，公司在技术研发和产品质量方面的持续投入，也为项目的长期投资效益提供了有力保障。

然而，创业者也需要关注潜在的风险因素，如市场需求变化、竞争加剧等，可能会对项目投资回报率产生的影响。因此，公司需要制定针对性的风险应对措施，加强市场监测和预警机制，以确保项目的顺利实施和投资效益的实现。

综上所述，财务预测与投资回报分析在商业计划中扮演着至关重要的角色。创业者需要充分了解市场环境和项目特点，并制订合理的财务预测和投资回报分析方案，来为项目的成功实施提供有力支持。

▶ 商业计划的调整与完善

通过前面几节的讲述，我们已经知道，商业计划是指导公司从创立到发展的重要蓝图，需要不断地根据市场变化、公司实际情况以及外部环境因素进行调整与完善。一个灵活且持续优化的商业计划不仅有助于公司在激烈的市场竞争中长久地占据一席之地，更能推动公司不断向既定目标迈进。本节将从不同层面进一步阐述商业计划的调整与完善过程。

1. 市场分析

市场是创业公司生存和发展的根基，因此，对市场进行持续深入的分析是商业计划调整与完善的重要前提。创业者需要关注市场趋势、竞争态势、消费者需求等方面的变化，以便及时调整商业计划。例如，当市场出现新的增长点时，公司应抓住机遇，拓展业务领域；当竞争对手推出新产品或服务时，公司应分析其产品特点，并优化自身的产品或服务，以提高竞争力。

2. 产品与服务优化

产品与服务是公司实现价值的核心，因此，对产品与服务进行持续优化是商业计划调整与完善的重要环节。创业者应关注市场需求变化，不断改进产品或服务，以满足消费者日益增长的需求。在产品设计方面，应注重提高产品质量、降低成本、优化外观和功能；在服务方面，应提供快速、高效、优质的售前咨询、售后服务和技术支持。同时，创业者还需关注消费者的反馈和意见，并以此不断改进产品和服务，提升客户满意度。

3. 营销策略更新

营销策略是公司实现销售目标的重要手段，因此，对营销策略进行持续更新是商业计划调整与完善的重要方面。创业者应该根据市场变化和公司实际情况，灵活调整营销策略。例如，当市场竞争激烈时，公司可采取差异化营销策略，突出产品或服务的独特优势；当市场需求下降时，公司可采取促销策略，刺激消费者的购买欲望。此外，创业者还应关注新兴的营销渠道和方式，如社交媒体营销、内容营销等，以提高营销效果。

4. 财务规划调整

财务规划是公司实现稳健发展的基石，因此，对财务规划进行持续调整是商业计划调整与完善的重要任务。创业者应根据公司实际情况和市场变化，合理调整财务规划。例如，当公司面临资金短缺时，应制订合理的筹资计划，来降低财务风险；当公司实现盈利时，应合理规划资金使用，扩大业务范围或加强研发投入。此外，创业者还应关注税收政策和法规变化，以便及时调整财务规划，降低税负。

5. 团队建设与管理

团队是公司发展的重要保障，因此，对团队建设与管理进行持续优化是商业计划调整与完善的重要因素。创业者应该关注团队成员的能力和素质，并加强培训和指导，以提高团队整体实力。同时，创业者还应建立有效的激励机制和约束机制，来激发团队成员的工作热情和创造力。在团队建设方面，创业者必须注重团队文化的培育和传播，要增强团队凝聚力和向心力。在团队管理方面，创业者则必须建立科学的决策机制和沟通机制，以确保团队的高效运作。

6. 风险管理与应对

创业过程中难免会遇到各种风险和挑战，因此，对风险进行管理和应对是商业计划调整与完善的重要项目。创业者应该关注市场风险、技术风险、财务风险等方面的变化，制定针对性的风险应对措施。例如，当市场竞争加剧时，公司可采取差异化策略降低市场风险；当技术更新换代时，公司应通过加强研发投入来提高技术实力以降低技术风险。同时，创业者还应建立有效的风险管理机制，如制定应急预案、加强风险评估等，以确保公司在面对风险时，能够迅速应对，从而降低损失。

通过对商业计划的调整与完善过程的阐述，我们可以看到，一个成功的商业计划需要不断地根据市场变化和公司实际情况进行调整和优化。只有如此，一家弱小的创业公司才能在激烈的市场竞争中迅速成长起来。未来，随着市场环境和技术环境的不断变化，商业计划的调整与完善将变得更加重要和复杂。因此，创业者需要不断学习新知识、掌握新技能以应对不断变化的市场环境和技术环境，并确保公司的持续发展和成功。

第七章　融资方式：为创业提供资金保障

▶ 资金需求与融资计划制订

在创业公司的成长过程中，资金需求是绕不开的话题。资金是驱动公司发展的核心动力，尤其是在创业初期，公司面临着技术研发、市场推广、团队建设等多方面的资金需求。因此，如何制订合理的融资计划，确保公司获得足够的资金支持，是创业公司必须面对的重要课题。

对于创业公司而言，资金的需求就像是无底洞，总是无法填满，所以就需要创业者想尽各种办法融到所需资金。但是，虽然创业公司的缺钱是方方面面的，但不能"眉毛胡子一把抓"，必须将"全面主义"改变为"重点主义"。我们的建议是，创业公司要重点关注以下四个方面的资金需求。

（1）技术研发资金需求。创业公司的发展离不开技术的支持。在创业初期，公司需要投入大量资金进行技术研发，以形成具有竞争力的核心技术。这些资金主要用于购买研发设备、支付研发人员工资、购买研发所需材料等方面。

（2）市场推广资金需求。市场推广是创业公司提高知名度、扩大市场份额的重要手段。公司需要投入资金进行品牌建设、广告宣传、市场推广活动等方面的支出。在创业初期，由于品牌知名度不高，市场推广资金的需求尤为重要。

（3）团队建设资金需求。创业公司需要一支高效的团队来支持公司的运营和发展。因此，公司需要投入资金进行团队建设和培训。这些资金主要用于招聘优秀人才、支付员工工资、提供培训和发展机会等方面。

（4）运营成本资金需求。除了上述三方面的资金需求外，创业公司还需要支付日常运营成本，如租金、水电费、办公用品、通信费用等。这些费用虽然看似琐碎，但对于公司的正常运营和发展同样重要。

制订融资计划是确保创业公司获得足够资金支持的关键步骤。创业者根据公司的财务预测结果和实际发展需求，制订合理的融资计划。通过股权融资、债务融资或政府补助等方式，筹集足够的资金来支持公司的发展。同时，加强与投资者的沟通和合作，以提升公司的融资能力和市场竞争力。

首先，公司需要明确自身的资金需求。通过对技术研发、市场推广、团队建设和运营成本等方面的分析，确定公司所需的资金总额。同时，公司还需要根据市场环境和自身发展情况，预测未来一段时间内的资金需求。

其次，选择合适的融资方式。根据资金需求，公司需要选择合适的融资方式。常见的融资方式包括天使投资、风险投资、股权融资、债权融资、政府补贴等多种模式。在选择融资方式时，公司需要综合考虑自身的实际情况、市场环境以及投资人的需求。例如，如果公司处于初创阶段，尚未形成稳定的盈利模式，那么股权融资就可能是较好的选择；如果公司已有一定的盈利能力，但资金需求较大，那么债权融资可能更为合适。

再次，制订融资计划。在明确资金需求和选择合适的融资方式后，公司需要制订具体的融资计划。融资计划应包括融资目标、融资方式、融资时间、融资额度、资金使用计划等内容。同时，公司还需要根据融资计划制定相应的营销策略和渠道策略，以吸引投资人的关注和支持。

以某科技公司为例，该公司制订了以下融资计划：

（1）融资目标。在未来一年内，通过股权融资和债权融资相结合的方式，筹集5000万元人民币的资金。

（2）融资方式。股权融资占比60%，通过向投资人出售公司股份来筹集资金；债权融资占比40%，通过向银行借款来筹集资金。

（3）融资时间。在接下来的一年内分三个阶段进行融资，每个阶段分别筹集不同额度的资金。

（4）融资额度。第一阶段筹集1000万元人民币，第二阶段筹集2000万元人民币，第三阶段同样筹集2000万元人民币。

（5）资金使用计划。将筹集到的资金用于技术研发、市场推广、团队建设和运营成本等方面。其中，技术研发占40%，市场推广占30%，团队建设占20%，运营成本占10%。

最后，实施融资计划。制订好融资计划后，公司需要积极实施该计划。在融资过程中，公司需要与投资人保持密切沟通，并向投资人充分展示公司的潜力和价值。同时，公司还需要关注市场环境的变化和投资人的需求变化，及时调整融资计划以应对各种挑战。

总之，融资计划是创业公司获得资金支持的关键步骤。在制订融资计划时，公司需要明确自身的资金需求、选择合适的融资方式、制订具体的融资计划并积极实施该计划。通过制订和实施合理的融资计划，创业公司可以确保获得足够的资金支持，从而推动公司的快速发展。

▶ 创造有利条件，寻找长线投资人

在快速发展的时代，创业公司扮演着推动经济创新和社会进步的重要角色。创业公司往往需要在初期投入大量资金用于研发和市场开拓，但由于缺乏稳定的收入来源和信誉积累，很难通过传统融资渠道获得足够的资金支持，因此，资金短缺往往是创业公司发展的瓶颈之一。为了突破这一困境，创业公司需要创造有利条件，积极寻找并吸引长线投资人，以支持其持续稳健的发展。

长线投资人是指那些注重公司长期发展潜力和稳定性、愿意长期持有公司股份的投资者。对于创业公司而言，长线投资人的价值主要体现在以下几个方面。

（1）提供稳定的资金支持。长线投资人愿意为公司提供长期的资金支持，能帮助公司度过初创期的资金短缺阶段，从而为公司的长期发展奠定基础。

（2）分享行业经验和资源。长线投资人通常具有丰富的行业经验和资源积累，可以为创业公司提供宝贵的行业洞察和合作机会，从而帮助公司快速融入市场并获得竞争优势。

（3）参与公司管理和决策。长线投资人通常会在公司董事会中占据一定席位，参与公司的重要决策过程，为公司的发展提供有力的支持和指导。

显然，得到长线投资人的支持，对初创公司是有极大助益的。但是，想要获得长线投资人的支持却并不容易，毕竟越有益的事情，越不易获得。为了吸引长线投资人，创业公司需要从多个方面入手，创造有利条件，提升自身的吸引力和价值。

1. 打造优秀的团队和企业文化

创业公司应该注重团队建设和人才培养，打造一支具有凝聚力、创新力和执行力的团队。同时，公司还应该建设积极向上的企业文化，营造良好的工作氛围和激励机制，以提高员工的工作积极性和忠诚度。

某科技公司自成立以来一直致力于打造优秀的团队和企业文化。公司重视员工的发展和成长，为员工提供了充足的培训和发展机会；同时，公司还建立了完善的激励机制和福利制度，提高了员工的工作积极性和忠诚度。这些措施使得公司逐渐打造了一支高效的团队和建设了积极向上的企业文化，也凭借此项优势，受到了长线投资人的青睐。

2. 聚焦核心业务和创新产品

通过深入挖掘市场需求和用户痛点，开发具有创新性和竞争力的产品，可以提升创业公司的市场地位和品牌影响力。同时，公司还应该注重产品的质量和用户体验，不断优化和改进产品功能和服务，以提高用户的满意度和忠诚度。

某电商创业公司自成立以来一直专注于电商领域的创新和发展。公司通过深入调研和分析市场需求，开发出了一款具有创新性和竞争力的电商平台。该平台采用先进的技术和算法，为用户提供了更加便捷、高效和个性化的购物体验。同时，公司还注重产品的质量和售后服务，不断优化和改进平台功能和服务，赢得了用户的广泛好评和信任。这些措施使得该公司在电商领域逐渐崭露头角，吸引了众多长线投资人的关注和认可。

3. 树立良好的品牌形象和口碑

独特的品牌形象和宣传策略，可以提升创业公司的知名度和美誉度。同时，公司还应该注重对客户服务和用户反馈的处理，要及时解决用户的问题和投诉,以维护公司的良好形象和口碑。

以某新能源汽车创业公司为例,该公司自成立以来一直注重品牌建设和口碑维护。公司通过在多个渠道进行品牌宣传和推广,逐渐打造了独特的品牌形象和知名度。同时,公司还注重对客户服务和用户反馈的处理,建立了完善的客户服务体系和反馈机制,通过及时解决用户的问题和投诉,赢得了用户的广泛好评和信任。这些措施不仅使得公司在新能源汽车领域逐渐树立了良好的品牌形象和口碑,也为吸引长线投资人创造了有利条件。

综上所述,创业公司需要创造有利条件,积极寻找并吸引长线投资人。通过打造优秀的团队和企业文化、聚焦核心业务和创新产品、建立良好的品牌形象和口碑等措施,来提升公司的吸引力和价值,从而为公司的长期稳健发展奠定坚实的基础。

▶ 多种融资途径,打开财源之路

随着市场竞争的加剧和创新的加速,初创公司对于资金的需求越发迫切,这时融资就成了企业能否存活的一道重要的关卡。融到所需的资金,初创公司不仅有机会生存下来,也增加了其做大做强的可能性;而融不到所需的资金,或者融资数额不够,或者融资时限延迟,都将导致初创公司难以生存,也就谈不上继续发展了。

公司融资的途径有很多种,本节限于篇幅关系,不能全部列出。而且不同发展阶段的公司,所运用的融资途径也是不同的。本书是讲从0创办的初创公司,因此本节只会详细介绍初创公司可以有效利用的十种融资途径,旨在帮助初创公司打开财源之路,实现稳健发展。

（1）自筹资金，是初创公司最常见的融资方式之一，包括创始人及团队成员的个人储蓄、家庭支持、朋友和亲属的借款等。这种融资方式具有成本低、灵活度高等优点，但规模相对较小，难以满足大规模扩张的需求。

案例：许多知名的科技公司，如苹果、谷歌等，在初创阶段都曾依靠创始人的个人储蓄和借款来启动项目。

（2）天使投资，是初创公司获取资金的重要途径之一。天使投资人通常是对初创公司有浓厚兴趣并愿意承担一定风险的富人、企业家或前高管。他们在为初创公司提供资金支持的时候，还可能提供经验、人脉等资源。

案例：Uber（优步）、Airbnb（爱彼迎）、Dropbox（多宝箱）等知名公司都曾获得过天使投资人的青睐，并借此实现了快速发展。

（3）风险投资（VC），是专门投资初创公司和高成长性企业的投资机构。它们能为初创公司提供大额资金支持，期望在公司成长后通过IPO、并购等方式实现退出并获得高额回报。

案例：许多硅谷的初创公司，如Instagram、Meta（曾名为Facebook）、X（曾名为Twitter）等，都曾获得过风险投资机构的支持。

（4）政府补助和税收优惠。政府为了鼓励创新和创业，会提供一系列的补助和税收优惠政策。初创公司可以关注这些政策，通过申请项目资金、创新基金等方式获取政府支持。

案例：中国政府近年来大力推动"大众创业、万众创新"，为初创公司提供了大量的资金支持和税收优惠政策。

（5）银行贷款。虽然初创公司在初创阶段往往难以从银行获得贷款，但随着公司的发展和规模的扩大，银行贷款将成为一种重要的融资方式。初创公司可以通过提供抵押物、担保或与其他金融机构合作来提高获得贷款的可能性。

案例：一些已经取得一定市场地位和盈利能力的初创公司，如电商平台、互联网金融企业等，都曾成功从银行获得过贷款支持。

（6）众筹融资。这是一种通过互联网平台向大众筹集资金的方式。初创公司可以通过发布项目介绍、展示产品或服务、设定筹款目标等方式，吸引大众的投资和关注。众筹融资具有门槛低、传播速度快等优点，但也需要初创公司具备较高的市场认可度和公信力。

案例：一些具有创新性和市场前景的初创公司，如智能硬件、文化创意等领域的公司，都曾通过众筹融资成功筹集到了所需资金。

（7）供应链融资。这是利用供应链中的物流、信息流和资金流，为供应链中的企业提供融资支持的方式。初创公司可以通过与供应商、客户等合作伙伴建立紧密的合作关系，并利用供应链融资获取资金支持。

案例：一些从事物流、电商等领域的初创公司，通过与上下游企业建立紧密的合作关系，成功获得了供应链融资的支持。

（8）债权融资。这是通过发行债券、向金融机构借款等方式筹集资金的方式。虽然这种融资方式通常适用于发展较为成熟的公司，但一些已经取得一定市场地位和盈利能力的初创公司也可以考虑尝试。债权融资具有成本低、期限长等优点，但也需要公司具备较强的偿债能力和较高的信誉度。

案例：一些发展迅速的初创公司，如共享经济、新能源等领域的公司，曾通过发行债券或向金融机构借款的方式筹集到了资金。

（9）员工持股计划。这是一种让员工成为公司股东的融资方式。通过让员工购买公司股份或获得股份奖励，初创公司可以筹集到资金并增强员工的归属感和忠诚度。员工持股计划还可以作为一种有效的激励机制，激发员工的工作积极性和创新能力。

案例：一些注重人才培养和激励的初创公司，如科技、互联网等领域的企业，都曾成功实施过员工持股计划。

（10）合作与战略投资。通过与其他企业建立合作关系或接受战略投资，初创公司可以获得资金支持和资源共享的机会。这种融资方式有助于初创公司扩大市场份额、提高品牌影响力并加速业务发展。

案例：许多初创公司在发展过程中都与大型企业建立了紧密的合作关系或接受了战略投资，如滴滴与软银、拼多多与腾讯等。

初创公司在融资过程中需要充分考虑自身的实际情况和市场需求，来选择合适的融资途径。通过综合运用多种融资方式，初创公司可以更好地满足资金需求，实现稳健发展。同时，初创公司还需要注重提高自身的市场认可度、信誉度和偿债能力，以吸引更多的投资者和资金支持。

▶ 融资的谈判技巧与风险防控

缺钱与融资是创业公司必须要面对的一对矛盾统一体。资金问题始终是新创公司求生存、求发展道路上的巨大挑战，而融资则成为新创公司获取资金、推动业务发展的解困环节。然而，凡是融资，就必然会涉及融资谈判，毕竟钱不会主动送上门，创业者不仅要去找钱，还要能够将千辛万苦找到的钱投入公司运营之中。因此，潜在投资方与创业者将坐在谈判桌的两侧，就各自的利益输出与划分进行交锋。

在融资过程中，谈判技巧和风险防控的重要性不言而喻。谈判技巧关乎创业者最终能够拿到多少钱，付出怎样的代价；风险防控则是对代价的评估，如果代价过大，则融资就失去了本来的意义。如果以未来将丧失公司控制权为代价拿到了融资，岂不是为他人做了嫁衣！下面从这两个方面出发，并结合实际案例，来探讨创业公司的融资谈判技巧与风险防控。

1. 融资谈判技巧

融资谈判技巧的意义在于促进合作双方快速达成共识，明确界定各自权益，有效规避潜在风险，优化融资结构，进而提升公司的议价能力。这些技巧不仅能确保融资过程的高效与成功，还能节省时间成本，同时能增强公司的信誉和市场地位。具体的融资谈判技巧可以参考以下三个方面。

（1）知己知彼，有备而来。在融资谈判之前，创业公司需要充分了解投资方的背景、投资理念、投资偏好、投资预期等信息，以便在谈判中能够有针对性地展示自身优势和价值。同时，创业公司也需要事先做好"彩排"，把投资人有可能问到的问题都罗列出来，并逐一解答；对己方要问的问题，做初步预判，并预测谈判走向。

某互联网科技公司在寻求融资时，提前对多家投资机构进行了深入研究，分析了它们的投资领域、投资阶段和投资偏好。在谈判过程中，公司创始人始终准确把握着投资方的需求，有针对性地展示着自己的业务模式和市场前景。更为重要的是，因为事先做了相关安排与分工，如谁主问，谁配合，谁做顾问，谁做财务解答，并配合详细 BP 与简易 BP，以及市场和参考数据的附件，让该公司的融资谈判进行得非常顺利，成功获得了投资。

（2）明确目标，把握节奏。在融资谈判中，创业公司应明确自己的融资目标，包括融资金额、融资用途、估值等，以便在谈判过程中保持清晰的方向。同时，创业公司需要把握谈判的节奏，避免在无关紧要的问题上占用过多时间，影响谈判效率。更要注意，融资谈判不是乞求借钱，双方进行洽谈与合作，在法律上、在谈判桌上，都是平等的。

某生物科技创业公司在与投资人进行融资谈判时，明确提出了自己的融资目标和估值依据，并在谈判中始终围绕这些核心问题进行讨论。同时，公司创始人还巧妙地利用谈判节奏，适时提出关键性问题，引导投资人思考。整个谈判过程，该公司创始人始终不卑不亢，谈笑自如，本着合作互惠的原则，推动谈判的进程，最终达成了双方满意的融资协议。

（3）注重沟通，建立信任。融资谈判不仅仅是资金的交易，更是双方建立信任、共同成长的过程。因此，创业公司应注重与投资人的沟通，真诚地表达自己的想法和愿景，展示团队的专业能力和协作精神。同时，创业公司也需要尊重投资人的意见和建议，及时调整策略，以达到双方的共同目标。

某在线教育平台在融资谈判中，始终与投资人保持密切的沟通。在介绍公司业务模式和市场前景时，公司创始人不仅展示了自身的专业能力和市场洞察力，还积极听取投资人的意见和建议。在谈判过程中，公司创始人主动邀请投资人参观公司办公室、与团队成员交流，增强了投资人对公司的信任和好感。最终，该公司成功获得了投资人的青睐和支持。

2. 风险防控

融资风险防控的意义在于确保公司资金链的安全稳定，有效识别和评估潜在风险，制定合理的应对策略，减少损失，提升公司整体的抗风险能力，从而保障公司的持续健康发展。关于融资的风险防控，不同书籍中会总结出不同的点，但核心无外乎以下三点，只要创业者在融资全过程中做好这三个方面的工作，就可以避免绝大部分的融资风险。

（1）尽职调查，避免欺诈风险。在融资过程中，创业公司需要对投资人进行尽职调查，了解其资金实力、投资经验、投资历史等信息，以避免遭遇欺诈风险。同时，创业公司也需要对自身的业务、财务和法务等方面进行全面梳理和自查，以确保提供给投资人的信息真实、准确、完整。

某初创电商公司在融资过程中，对投资人进行了严格的尽职调查。通过查询公开信息、与投资人进行面对面交流等方式，该公司了解到投资人的资金实力和投资经验均符合公司需求。同时，该公司还聘请了专业的会计师事务所和律师事务所对公司进行了全面梳理和自查，确保了提供给投资人的信息的真实和准确。这些措施有效降低了公司遭遇欺诈风险的可能性。

（2）合理估值，避免利益损失。创业公司应根据自身的业务模式、市场前景、财务状况等因素进行合理估值，以避免估值过高或过低导致的利益损失。同时，创业公司还需要关注市场动态和行业趋势，以便在谈判中能够灵活调整估值策略。

某智能制造创业公司在融资谈判中，根据自身的技术实力和市场前景进行了合理估值。在谈判过程中，该公司始终关注行业动态和市场变化，适时调整估值策略。最终，该公司成功获得了投资人的认可和支持，实现了双方共赢。

（3）明确条款，防范法律风险。在融资协议中，创业公司需要明确各项条款和条件，包括融资金额、融资用途、股权结构、退出机制等，以便在后续的合作中能够清晰明了地执行协议内容。同时，创业公司还需要关注法律法规的变化和监管要求的变化，以便及时调整融资策略并防范法律风险。

某医疗健康创业公司在融资协议中明确规定了各项条款和条件，包括融资金额、融资用途、股权结构等。同时，该公司还聘请了专业的法律顾问对协议进行审核和修改，确保了协议内容的合法性和合规性。在后续的合作中，该公司清晰明了地执行协议内容，避免了法律纠纷和损失。

综上所述，在融资谈判中，创业公司必须掌握一定的技巧和方法，以便在谈判中占据主动地位并达成双方满意的协议。同时，创业公司还需要关注风险防控工作，以确保融资过程的顺利进行并保障公司的利益不受损失。通过不断学习和实践这些技巧和方法，创业公司将能够更好地应对融资过程中的机遇和挑战。

➤ 融资后资金的使用与管理

随着创业浪潮的兴起,越来越多的初创公司涌现了出来,它们通过融资获得了宝贵的资金支持。在这一条件下,如何合理使用和管理这些资金,确保公司稳健发展,是初创公司必须要面对的重要问题。本节将结合理论分析和实际案例,探讨初创公司融资后资金的使用与管理策略。

1.融资后资金使用与管理的理论基础

强调资金使用的精准规划、资金监管与监督的严格性、使用资金风险的全面管理等,以求达到投资回报具有明智策略、预算审批与制度规范完善和优化决策科学。

(1)资金使用的明确性和计划性。融资后的资金使用首先要求其具有明确性,即明确资金的具体用途和使用计划。这有助于公司合理规划投资,确保资金能够用在刀刃上,实现效益最大化。同时,资金使用还需要具备计划性,通过制订合理的预算和分配方案,可以确保资金按照既定计划有序流转。

(2)资金管理的规范性和透明性。公司应建立科学的资金管理体系,包括预算制定、资金审批、使用监督等环节,以确保资金的使用符合公司发展战略和财务目标。同时,公司应加强内部控制,以确保资金使用的安全性和规范性,并防止资金滥用和损失。

(3)风险控制和资金安全。公司应建立完善的风险评估系统,对可能出现的风险进行预测和评估,并采取相应的措施进行防范。同时,公司还需要加强资金安全管理,确保资金不被非法侵占或挪用。

2.公司案例分析

同辉信息自 2008 年成立以来，经历了多个发展阶段，并在商用显示领域发挥了重要作用。公司最初得益于液晶大规模替代 CRT 的技术升级，以及传统灯箱广告向电子媒体广告的应用迁移。尽管液晶产品存在一定的局限性，如缺乏核心技术和产业链配套问题，但同辉信息通过不断创新和发展，逐渐在数字视觉领域取得了显著成就。此外，同辉信息还积极探索虚拟现实（VR）等技术的应用，能为客户提供全面的智能视觉解决方案，包括创意策划设计、系统软件开发、内容制作到交付运维等全链条服务，形成了涵盖数字影院、智慧展馆、智慧银行、VR 教育等多个解决方案的产品体系。为了实现从初创到后来的高速发展，同辉信息必须进行大量融资，也正是近年来的多轮融资让公司获得了快速发展。同辉信息不仅在融资之前准备得到位，在融资过程中发挥得出色，在融资后的资金使用与管理方面，也做到了合理管理。

在获得了融资后，同辉信息首先明确了资金的使用方向，将大部分资金用于研发和市场推广。公司认为，智能化领域和数字化领域的技术更新换代迅速，研发投入是保持竞争力的关键。因为市场推广也是提升品牌知名度和市场份额的重要手段，所以同辉信息在研发和市场推广方面投入了大量资金，并取得了显著成效。

同辉信息设立了专门的财务部门负责资金的日常管理和监督。该财务部门制订了详细的预算和分配方案，确保了资金按照既定计划有序流转。公司还建立了严格的资金审批流程，任何一笔资金的使用都需要经过多个部门的联合审批，确保了资金使用的合理性和效益性。

同辉信息建立了完善的风险评估系统，定期预测和评估可能出现的风险，并据此制定了相应的应对策略与备用策略。公司也加强了内部财务人员的培训和管理，提高了资金使用的安全性和规范性。此外，公司还与多家银行建立了合作关系，通过分散存放资金的方式降低了风险。

同辉信息还非常注重资金使用的效益性，通过精细化管理和预算控制，大幅降低了运营成本。同时，公司还积极寻找高回报的投资机会，根据自身情况选择合适的投资项目，并进行风险评估和监控。这些措施使得同辉信息的资金使用效率得到了极大提升，从而为公司的长期发展提供了有力支持。

同辉信息在融资后资金的使用与管理方面的实践经验为我们提供了宝贵的启示。对于初创公司而言，在融资后资金的使用与管理方面，应注重以下几点：①明确资金使用的目的和计划，确保资金用在刀刃上；②建立科学的资金管理体系，规范资金使用流程；③加强风险控制和资金安全，确保资金不被非法侵占或挪用；④提高资金使用效率，降低运营成本并寻找高回报的投资机会。

在未来的发展过程中，初创公司应不断探索和创新资金管理策略，以适应市场竞争的需求，并推动公司的长期发展。

第八章　营销推广：提升品牌知名度与市场占有率

营销目标与策略制定

营销推广是连接公司与消费者的重要桥梁。在信息爆炸的时代，消费者面临着无数的选择，如何让自己的产品或服务脱颖而出，成为消费者心目中的首选，是每一个公司都需要思考的问题，尤其是新创公司更需如此。营销推广通过广告、宣传、公关等手段，可以将公司的核心价值、产品优势以及品牌形象传递给消费者，从而增加品牌在消费者中的认知度和好感度。

营销目标与策略制定是确保营销推广活动有效性的关键。一个明确、具体的营销目标能够帮助公司更好地规划营销活动，合理分配资源，避免盲目投入。同时，有效的营销策略能够根据公司自身的特点、市场需求以及竞争对手的情况，制订出最适合自己的营销方案，从而在市场中占据有利地位。

1. 营销目标设定

营销目标是新创公司营销活动的核心指导原则，它指引着公司在市场中的发展方向和竞争策略。在设定营销目标时，新创公司应充分考虑自身资源、市场环境、竞争态势以及消费者需求等因素。通常分为以下三个步骤。

第一步：明确市场定位。新创公司首先要明确自己在市场中的定位，即要清晰地知道自己的产品或服务在市场中占据什么样的位置，与竞争对手相比有哪些优势和特色。市场定位的准确性将直接影响营销目标的设定和实现。

第二步：确定目标市场。在明确市场定位的基础上，新创公司需要进一步确定自己的目标市场，即要针对哪些消费者或行业领域展开营销活动。通过深入研究和分析，公司可以发现潜在的目标客户群体，并据此制定有针对性的营销策略。

第三步：设定具体目标。新创公司应设定具体、可衡量的营销目标，如销售额、市场份额、品牌知名度等。这些目标应具有挑战性但又可实现，并能够激励公司全体员工共同努力。同时，公司还应将长期目标与短期目标相结合，以确保营销活动的持续性和稳定性。

2. 营销策略制定

营销策略是实现营销目标的重要手段和途径。新创公司在制定营销策略时，应充分考虑市场环境、消费者需求、竞争对手等因素，并结合自身实际情况进行灵活调整。通常分为以下四个方面。

（1）产品策略是营销策略的基础，涉及产品的设计、定位、定价等方面。新创公司应关注市场需求变化，不断改进产品功能、提升产品质量，以满足消费者的个性化需求。同时，公司还应制定合理的价格策略，以确保产品价格既能覆盖成本又能实现盈利。

（2）渠道策略是产品从生产到消费者手中的传递路径。新创公司应根据目标市场的特点选择合适的销售渠道，如线上平台、实体店、代理商等。同时，公司还应加强渠道管理和优化，提高渠道效率和服务水平。

（3）促销策略是吸引消费者购买的重要手段。新创公司可以通过广告宣传、打折促销、会员营销等方式吸引消费者的眼球。在制定促销策略时，公司应注重创新性和差异性，以确保促销活动能够真正触动消费者的内心。

（4）品牌策略是提升公司形象和竞争力的重要途径。新创公司应注重品牌建设，提升品牌知名度和美誉度。公司可以通过形象宣传、公关活动、社会责任等方式塑造品牌形象，从而增强消费者对品牌的认同感和忠诚度。

3. 公司案例分析

华为作为全球领先的信息与通信技术（ICT）解决方案提供商，在营销推广方面取得了显著成果。

华为在设定营销目标时始终坚持市场导向和客户导向的原则。公司通过深入研究和分析市场需求、竞争态势等因素，设定了具有挑战性和可实现性的长期和短期目标。例如，在智能手机领域，华为设定了成为全球领先智能手机品牌的目标，并围绕这一目标制订了详细的市场开拓和产品创新计划。

华为在营销策略制定上注重创新和差异化。在产品策略方面，华为始终坚持技术创新和品质提升，不断推出具有竞争力的新产品和解决方案。在渠道策略方面，华为采用多元化的销售渠道布局，包括线上平台、实体店、代理商等，以满足不同消费者的购买需求。在促销策略方面，华为注重创新性和互动性，通过举办线上线下活动、打造会员体系等方式吸引了消费者参与和购买。在品牌策略方面，华为注重品牌建设和形象塑造，通过形象宣传、公关活动等方式提升了品牌知名度和美誉度。

总之，华为在营销目标与策略制定上取得了显著成果，为其他新创公司提供了宝贵的借鉴和启示。新创公司在营销推广过程中，也应充分学习借鉴华为的成功经验，并结合自身实际情况，制定具有针对性和实效性的营销策略，以实现公司的发展目标。

➤ 广告宣传与品牌建设

创办公司并成功推广其产品或服务，不仅需要创新的经营理念，更需要在广告宣传和品牌建设上下足功夫。随着市场竞争的加剧，初创公司需要不断提升自身的品牌影响力和市场竞争力。通过持续的广告宣传和品牌建设，公司可以不断扩大市场份额，提高产品的知名度和美誉度，并增强公司的盈利能力。同时，一个成功的品牌还能为公司带来更多的合作伙伴和投资机会，从而推动公司不断向前发展。

1. 广告宣传在初创公司中的重要性

在初创阶段，公司需要通过各种渠道和方式，将自身的产品、服务和价值观传递给目标受众。广告宣传作为营销推广的重要手段之一，是打开市场、树立品牌形象的关键步骤。通过各种媒介向消费者传递公司的价值观、品牌形象和产品信息，能够快速让消费者了解并记住公司的名字和产品特点。通过广告宣传，公司可以与消费者建立初步的联系，这就为后续的销售和服务打下了基础。对通过广告宣传，初创公司可以达成如下目标。

（1）提升品牌知名度。通过广告宣传，初创公司能够迅速增加品牌曝光度，让潜在消费者对公司产生初步认知。

（2）塑造品牌形象。初创公司可以通过广告传递其核心价值观、企业文化等信息，与消费者建立情感连接。

（3）激发购买欲望。有效的广告宣传能够准确抓住消费者的需求痛点，并通过独特的创意和表现形式激发消费者的购买欲望。

（4）促进销售增长：通过吸引消费者的注意力并传递产品价值，初创公司可以引导消费者做出购买决策。

2.品牌建设在初创公司中的核心作用

品牌是消费者对公司的整体认知和感受，是公司区别于竞争对手的重要标志，也是公司形象和信誉的集中体现，代表了公司的价值观、信誉和承诺。一个优秀的品牌能够赢得消费者的信任和忠诚，增加初创公司的市场竞争力。品牌建设不仅仅是设计一个独特的品牌标志和口号，更重要的是要传递公司的核心价值和愿景，让消费者感受到品牌的独特魅力和价值。

对于初创公司而言，品牌建设更是长期发展的基石。一个成功的品牌不仅能够帮助公司在竞争中脱颖而出，还能够为公司带来长期的利益回报。在品牌建设过程中，初创公司需要注意以下几点。

（1）明确品牌定位：初创公司需要明确自己的目标客户群、产品特点和竞争优势，制定符合自己特点的品牌定位策略。

（2）构建品牌识别系统：品牌识别系统包括品牌名称、标志、口号等元素。初创公司需要设计具有独特性和辨识度的品牌识别系统，以便消费者能够快速记住并联想到公司。

（3）保持品牌一致性：初创公司需要在产品设计、广告宣传、服务体验等方面保持品牌的一致性，以巩固消费者的品牌认知。

（4）传递品牌价值观：初创公司需要明确自己的品牌价值观，并将其贯穿公司运营的各个环节中，让消费者感受到品牌的独特魅力和价值。

3.公司案例分析

某公司是一家国内知名的电商企业，以其独特的广告宣传和品牌建设策略成功吸引了大量消费者并实现了快速发展。以下是对该公司广告宣传和品牌建设策略的详细分析。

在广告宣传策略方面，该公司非常重视广告宣传的作用，通过多元化的广告渠道和创新的广告创意迅速打开了市场。具体操作分为三类：①该公司充分利用了线上广告平台，如搜索引擎、社交媒体等，通过精准投放广告吸引潜在消费者；②该公司通过线下广告，如户外广告牌、地铁广告等方式，提高品牌曝光度；③该公司注重与网红、KOL（关键意见领袖）等合作进行品牌推广，借助其影响力提高品牌知名度和美誉度。

在广告创意方面，该公司注重与消费者产生情感共鸣。例如，在2023年的"双11"购物节期间，该公司推出了一系列以"陪伴"为主题的广告短片，通过讲述不同人群在购物节期间的感人故事，引发了消费者的共鸣和认同，从而激发了消费者的购买欲望。

在品牌建设策略方面，该公司分为三步走：第一步是明确品牌定位——是一家致力于为消费者提供优质商品和服务的电商平台；第二步是设计具有独特性和辨识度的品牌识别系统，包括简洁明了的品牌标志和口号，让消费者能够快速记住并在第一时间联想到公司；第三步是注重品牌一致性的维护，以产品设计为核心，以广告宣传为渠道，以服务体验为媒介，让这三个方面保持了高度的品牌一致性，从而让消费者感受到了品牌的独特魅力和价值。

此外，该公司还非常注重传递品牌价值观。该公司始终秉持"为客户创造一切"的理念，将消费者需求放在首位，不断优化产品和服务体验。同时，该公司还积极参与公益事业，履行社会责任，体现了其品牌的社会责任感和担当精神。这些举措都进一步增强了消费者对该公司的品牌认同和忠诚度。

综上所述，广告宣传和品牌建设是初创公司营销推广过程中不可或缺的两个重要环节。通过有效的广告宣传和品牌建设策略，公司可以迅速打开市场，树立品牌形象，吸引消费者，实现快速发展。本节中的公司案例,其成功的广告宣传和品牌建设策略值得广大初创公司经营者学习和借鉴。

▶ 升级思维,运用"搭船"战略

初创公司面临着巨大的生存和发展压力,为了能够更好地生存下去,初创公司需要升级其营销推广思维,采用更为灵活和创新的策略。其中,"搭船"战略作为一种新兴的市场策略,为初创公司提供了全新的视角和机遇。

所谓"搭船"战略,是指公司借助行业内已经成熟、具有强大影响力的品牌或企业的力量,来快速提升自己的知名度、市场份额和品牌价值。"搭船"战略的优势主要表现在以下几个方面。

(1)快速建立品牌认知度。通过与知名品牌或公司的合作,初创公司可以迅速提升自身品牌的曝光度,从而吸引更多的潜在消费者的关注。

(2)借助品牌影响力。知名品牌或公司往往已经积累了丰富的市场经验和资源,初创公司可以通过与其合作,借助其品牌影响力,快速确立自身的市场地位。

(3)共享资源降低成本。合作过程中,初创公司可以共享知名品牌或公司的资源,如供应链、渠道、技术等,从而降低自身的运营成本,提高市场竞争力。

(4)降低市场风险。通过与知名品牌或公司的合作,初创公司可以降低自身面临的市场风险,因为知名品牌或公司通常具有更强的市场洞察力和应对能力。

可见,这种营销战略的核心在于,通过寻找和抓住与知名品牌或公司合作的机会,将自身品牌与之相连,借助对方的品牌效应和资源优势,实现快速成长的目的。那么,初创公司究竟该如何运用"搭船"战略进行营销推广呢?可以从以下几个方面入手。

首先,明确目标市场和定位。初创公司需要明确自身的目标市场和定位,寻找与自身品牌、产品相符合的知名品牌或公司作为合作伙伴。同时,还需要对目标市场进行深入分析,了解消费者需求和竞争态势,从而为后续的营销推广做好准备。

其次,精准选择合作伙伴。在选择合作伙伴时,初创公司需要综合考虑对方的品牌知名度、市场占有率、市场口碑等因素,并且关注对方是否与自身品牌、产品存在潜在的互补性和协同效应。

再次,制订合作计划和营销策略。初创公司需要与合作伙伴共同制订合作计划和营销策略,明确双方的合作内容和目标。在制订营销策略时,需要充分考虑目标市场的特点和消费者需求,选择合适的营销渠道和方式,以提高营销效果。

最后,加强品牌传播和互动。在合作过程中,初创公司需要积极与合作伙伴进行品牌传播和互动。通过共同举办活动、发布新闻稿、制作联合广告等方式,提升双方品牌的曝光度。同时,还需要加强与消费者的互动和沟通,了解他们的反馈和需求,并不断优化产品和服务。

某知名科技初创公司(A)专注于智能硬件产品的研发和销售。在初创阶段,该公司面临着资金短缺、品牌知名度不高等问题。为了迅速打开市场,A公司决定运用"搭船"战略进行营销推广。

A公司首先明确了自身的目标市场和定位,即面向年轻、追求科技时尚的消费者群体。随后,A公司积极寻找与自身品牌、产品相符合的合作伙伴。经过筛选,A公司与一家知名的电商平台(B)达成了合作意向。

在合作过程中,A公司与B电商平台共同制订了合作计划和营销策略。A公司提供优质的产品和优惠的价格，B电商平台则提供丰富的流量资源和营销支持。通过共同举办促销活动、制作联合广告等方式，A公司的品牌和产品迅速在B电商平台上获得了大量曝光和关注。

同时，A公司还加强了与消费者的互动和沟通。通过在社交媒体上发布产品信息、开展互动活动等方式，吸引了大量年轻消费者的关注和参与。这些消费者不仅成了A公司的忠实用户，还积极在社交媒体上分享自己的使用体验和感受，进一步扩大了A公司的品牌影响力。

通过运用"搭船"战略与B电商平台的合作，A公司迅速打开了市场，提高了品牌知名度和市场份额。同时，A公司还积累了宝贵的市场经验和资源，为后续的发展奠定了坚实的基础。

总而言之，初创公司需要升级其营销推广思维，通过运用"搭船"战略与知名品牌或公司合作，初创公司就可以迅速提升自身品牌的知名度、市场份额和品牌价值。在实际操作中，初创公司需要明确目标市场和定位、精准选择合作伙伴、制订合作计划和营销策略、加强品牌传播和互动等。同时，还需要不断学习和探索新的营销策略和方法，以适应不断变化的市场需求。

▶ 将现有模式模块化

在当今时代，商业环境的竞争日益激烈，初创公司面临的挑战亦层出不穷。为了在市场中站稳脚跟，许多初创公司都在不断探索新的营销推广策略。其中，将现有模式模块化成了不少公司的新选择。通过模块化营销，初创公司可以更加精准地定位目标市场，优化资源配置，提高营销效率。

模块化营销是指将公司的产品或服务拆分成多个独立的模块，每个模块都具备特定的功能和目标。在营销推广过程中，公司可以根据不同的市场需求和客户群体，灵活组合这些模块，形成多元化的营销方案。这种策略可以帮助初创公司更好地应对市场变化，提高营销的灵活性和适应性。模块化营销的具体优势如下。

（1）提高营销效率。通过模块化营销，公司可以将资源集中在最具潜力和效益的模块上，从而实现资源的优化配置，既能提高营销效率，又能降低营销成本。

（2）精准定位目标市场。模块化营销允许公司根据不同的市场需求和客户群体，灵活调整营销方案，使得公司能够更加精准地定位目标市场，提高营销效果。

（3）提升客户体验。模块化营销可以根据客户需求和偏好，为其提供个性化的产品和服务，这有助于提升客户满意度和忠诚度，为公司创造更多价值。

（4）应对市场变化。市场环境和客户需求正在不断变化，传统的营销策略往往难以适应。而模块化营销具有较强的灵活性和适应性，可以根据市场变化及时调整营销策略，从而确保公司始终处于有利位置。

某初创公司专注于智能家居产品的研发和销售。在初创阶段，其面临着品牌知名度低、市场份额小等挑战。为了打破这一困境，该公司决定采用模块化营销策略进行推广。

首先进行模块化营销实践，分为三个部分。

一是产品模块化。智享科技将智能家居产品拆分为多个模块，包括智能家居、智能安防、智能家庭服务等。每个模块都具备独特的功能和特点，可以独立使用或与其他模块组合使用，因此，智享科技能够为客户提供更加灵活和个性化的智能家居解决方案。

二是市场模块化。针对不同类型的客户群体和市场需求，智享科技将市场划分为多个模块，包括家庭用户、公寓用户、商业用户等。每个市场模块都有独立的营销策略和推广渠道，以确保公司能够覆盖各类客户群体。

三是营销渠道模块化。为了扩大品牌知名度和市场份额，智享科技采用了多种营销渠道进行推广，包括线上电商平台、社交媒体平台、线下体验店等。公司会根据不同的市场模块选择合适的营销渠道进行组合使用，以实现最佳的推广效果。

通过模块化营销策略的实施，智享科技取得了显著的成果，具体表现在以下几个方面。

一是品牌知名度提升。随着模块化营销策略的深入实施，智享科技的品牌知名度得到了快速提升。越来越多的消费者开始关注和了解公司的产品和服务。

二是市场份额扩大。通过精准的市场定位和多样化的营销渠道，智享科技成功扩大了市场份额。公司的智能家居产品逐渐成为市场中的热门选择。

三是客户满意度提高。由于提供了更加灵活和个性化的智能家居解决方案，智享科技的客户满意度得到了显著提升。客户对公司的产品和服务给予了高度评价。

四是营收增长显著。随着品牌知名度、市场份额和客户满意度的提升，智享科技的营收也实现了快速增长。公司的业务规模和市场份额不断扩大。

总而言之，模块化营销作为一种创新的营销策略，为初创公司提供了更多可能性。通过将产品或服务拆分成多个独立的模块，并根据不同的市场需求和客户群体进行灵活组合，初创公司可以更加精准地定位目标市场、优化资源配置、提高营销效率。因此，对于初创公司而言，将现有模式模块化是一种值得尝试的营销推广策略。

➤ 制定代理模式或加盟模式

初创公司要想快速打开市场、建立品牌知名度并获取稳定的客户群，就需要借助有效的营销推广策略。而在众多策略中，代理模式和加盟模式因其独特的优势，成了许多初创公司青睐的选择。

1. 代理模式在初创公司营销推广中的应用

代理模式是一种通过寻找并合作具备相应资源和能力的代理商，来协助公司推广产品或服务的策略。在初创公司中，代理模式能够帮助公司快速进入市场，利用代理商的本地优势、客户资源和渠道网络，可以让公司有效扩大市场份额。

（1）代理模式可以降低初创公司的市场推广成本。初创公司通常面临着资金紧张的问题，难以承担大规模的市场推广费用，而通过与代理商合作，初创公司可以充分利用代理商的资源和能力，能以较低的成本实现市场推广目标。

（2）代理模式可以帮助初创公司快速建立品牌形象。代理商通常具有丰富的市场经验和客户资源，他们能够有效传播初创公司的品牌理念和产品优势，从而提高品牌在目标市场中的知名度和美誉度。

（3）代理模式可以加速初创公司的市场拓展。代理商具备本地化优势和渠道网络，能够更快速地响应市场需求变化，并调整市场推广策略。通过与代理商合作，初创公司可以更快地拓展市场份额，实现业务增长。

2. 加盟模式在初创公司营销推广中的应用

加盟模式是指初创公司将其品牌、技术、管理经验等授权给加盟商使用，加盟店也需付出相应的报偿的方式。加盟模式在初创公司营销推广中的应用同样具有诸多优势。

（1）加盟模式可以迅速扩大初创公司的市场规模。通过招募加盟商，初创公司就可以利用加盟商的资金和资源，快速扩大业务范围和市场份额。同时，加盟商在本地市场的运营经验和客户资源，也有助于初创公司更好地适应市场需求的变化。

（2）加盟模式可以降低初创公司的运营成本。加盟商通常需要承担一定的投资成本，用于店铺选址、装修、设备采购等方面。这就减轻了初创公司的财务压力，使其能够专注于产品研发和市场推广等核心业务。

（3）加盟模式有助于提高初创公司的品牌知名度和美誉度。加盟商在本地市场的运营和推广，可以帮助初创公司提高品牌知名度和美誉度。同时，加盟商通常会严格遵守公司的品牌形象和服务标准，从而进一步提升品牌形象和市场竞争力。

3.公司案例分析

一点点奶茶是一家知名的茶饮品牌，其在初创阶段就成功应用加盟模式进行了市场推广。通过招募具有丰富市场经验和客户资源的加盟商，一点点奶茶迅速扩大了市场份额，并建立了良好的品牌形象。

在加盟模式的应用过程中，一点点奶茶注重以下几个方面。

首先，严格筛选加盟商。一点点奶茶对加盟商进行了严格的筛选和审核，确保了加盟商具备丰富的市场经验和良好的商业信誉，以保证品牌形象和市场推广效果。

其次，提供全方位支持。一点点奶茶为加盟商提供全方位的运营支持和培训服务，包括选址评估、装修指导、产品制作技术培训、市场营销策划等，有助于加盟商更好地开展业务，提高经营效益。

再次，统一品牌形象和服务标准。一点点奶茶要求加盟商严格遵守公司的品牌形象和服务标准，以确保所有店铺都能够提供优质的产品和服务。

最后，创新营销策略。一点点奶茶不断创新营销策略，通过与外卖平台合作、开展校园合作等方式扩大品牌影响力。同时，一点点奶茶还注重社交媒体营销和线上推广，吸引了更多年轻消费者关注和购买。

通过以上措施的实施，一点点奶茶的加盟模式取得了巨大的成功。如今，一点点奶茶已经成为国内知名的茶饮品牌之一，并在全国范围内拥有众多加盟商和忠实消费者。

结合案例阐述可知，代理模式和加盟模式作为两种有效的营销推广策略，在初创公司中具有重要的应用价值。通过合理运用这两种模式，初创公司可以快速打开市场、建立品牌形象并获取稳定的客户群。同时，初创公司还需要结合自身实际情况和市场需求变化，不断创新营销策略和模式调整，以适应市场竞争需求。

▶ 激起行业热度，争夺客户心智

鱼苗般弱小的初创公司，想要在鲨鱼丛生的商海中尽快成长起来，不仅要向市场提供优质的产品或服务，更要有高超的营销推广能力，来让自己的品牌快速攀上客户心智的高地。有一个方法推荐给大家，即有效激起行业热度，强势争夺客户心智。

行业热度不仅可以帮助初创公司迅速提升品牌知名度，吸引更多潜在客户关注，还能为公司带来更多的合作伙伴和投资者，从而推动公司快速发展。激起行业热度的策略如下。

（1）创新产品与技术。初创公司通常具有高度的创新精神和敏锐的市场洞察力。通过不断研发创新的产品和技术，初创公司能够打破行业传统，引领新的市场趋势。这种创新不仅能够吸引消费者的目光，还能激发行业内的讨论和关注，从而迅速提升行业热度。

特斯拉以其创新的电动汽车技术和前卫的设计理念，成功打破了汽车行业的传统格局。特斯拉不仅推出了高性能的电动汽车产品，还通过其独特的充电技术、自动驾驶系统等先进技术，引领了电动汽车行业的未来发展方向。特斯拉的创新产品和技术不仅赢得了消费者的青睐，还激发了整个汽车行业对电动汽车技术的关注和研究，从而推动了行业的整体发展。

（2）营销策略创新。初创公司需要采用创新的营销策略来快速吸引客户的关注。通过社交媒体营销、内容营销、跨界合作等多元化手段，初创公司可以有效地提升品牌曝光度，并激发行业内的讨论和关注。

瑞幸咖啡作为一家新兴的咖啡品牌，通过创新的营销策略迅速崛起。瑞幸咖啡在社交媒体上积极推广品牌形象和产品特色，通过发布有趣的内容、互动话题等方式吸引了消费者的关注。同时，瑞幸咖啡还与多个知名品牌进行跨界合作，推出了联名咖啡、限定口味等特色产品，进一步提升了品牌知名度和美誉度。这些创新的营销策略不仅帮助瑞幸咖啡快速吸引了大量客户，还激发了咖啡行业的讨论和关注，推动了整个行业的发展。

（3）行业活动参与与组织。初创公司可以通过参与或组织行业活动来扩大品牌影响力，提升行业热度。通过举办研讨会、论坛、展览等活动，初创公司可以与行业内的其他企业、专家进行交流与合作，共同推动行业的发展。

优客工场作为共享办公空间的领军企业之一，积极参与和组织各种行业活动。优客工场会定期举办创业沙龙、行业论坛等活动，邀请创业者、投资人、行业专家等共同参与，分享创业经验、探讨行业趋势。这些活动不仅为优客工场带来了更多的潜在客户和合作伙伴，还提升了公司在行业内的知名度和影响力。同时,优客工场还通过与其他品牌进行合作推广,共同打造行业热点话题,进一步提升了行业热度。

客户心智,简而言之,就是客户在面临选择时,他们的思考过程、偏好、感知和记忆的总和。争夺客户心智可以帮助初创公司更精准地定位目标客户,制定更有效的营销策略。通过了解客户的心智和需求,初创公司可以更加精准地投放广告、制定促销策略等,从而提高营销效率,降低营销成本。

当初创公司成功争夺到客户心智时,客户会对其品牌产生深厚的情感联系和信任感。这种情感联系和信任感会促使客户在面临多种选择时,更倾向于选择该公司的产品或服务,从而形成品牌忠诚感。

当初创公司成功地在客户心智中占据有利位置时,就能形成竞争优势,这种优势可以是产品优势、价格优势、服务优势等,也可以是其他优势。这些竞争优势可以帮助公司在市场中获得更多的市场份额和利润。

初创公司需要高度重视客户心智的争夺,并通过各种策略来赢得客户的信任和青睐。那么,争夺客户心智的策略有哪些呢?

(1)精准定位目标客户。初创公司需要深入了解目标客户的需求和偏好,通过精准定位来抢占客户心智。通过市场调查、用户访谈等方式收集客户数据,分析客户的消费习惯、价值观等信息,从而找到与自身产品或服务相契合的目标客户群体。

(2)创造独特品牌个性。初创公司需要通过创造独特的品牌个性来区别于竞争对手。品牌个性不仅包括产品的外观、性能等方面,还包括公司的文化、价值观等方面。通过构建独特的品牌个性,初创公司可以在客户心中留下深刻印象,从而增强客户对品牌的认知和认同。

(3)提供优质客户体验。优质的客户体验是争夺客户心智的关键。初创公司需要从客户需求出发,提供个性化的产品和服务,以确保客户在使用产品或服务的过程中获得愉悦和满足的体验。同时，初创公司还需要建立完善的客户服务体系，并能够及时解决客户的问题和反馈，提高客户满意度和忠诚度。

综上所述，初创公司要想在竞争激烈的市场中脱颖而出，需要采取一系列策略来激起行业热度并争夺客户心智。这些策略需要初创公司根据自身情况灵活运用，并不断优化调整以适应市场变化。

第九章　发挥优势：打造核心竞争力

▶ 自我评估与优势识别

初创公司要想立足并求得长远发展，就必须深入了解自身，准确识别并发挥自身的优势。这直接关系公司的生存、发展和市场竞争力。可以说，自我评估与优势识别是初创公司提升竞争力、实现可持续发展的关键环节。

1. 自我评估：全面了解公司现状

初创公司往往面临着资源有限、竞争激烈的环境，通过全面、客观的自我评估，可以清晰地了解公司的现状，包括自身的优势、劣势、机会和威胁。这种了解能够帮助公司制定出符合自身发展需要的战略规划，使公司在有限的资源下最大化地发挥效能。自我评估的方法多种多样，包括SWOT分析、360度评估法、KPI指标法等。

（1）SWOT分析。从优势、劣势、机会和威胁四个维度出发，对公司进行综合分析。初创公司应重点关注自身的核心竞争力，即优势所在，同时认清自身在市场上的不足，以明确改进方向。同时，要敏锐捕捉外部环境中的机遇，并让其为公司的快速发展提供动力。

（2）360度评估法。通过多个角度对公司进行评估，包括员工、客户、领导、合作伙伴等。这种评估方法可以帮助初创公司全面了解各利益相关者对公司的认知和看法，并能够及时发现公司存在的问题和不足，从而为公司的改进提供有针对性的建议。

（3）KPI指标法。通过设定关键绩效指标，对公司运营情况进行量化评估。初创公司应结合自身实际情况，制定符合自身发展需要的KPI指标体系，定期对公司的运营情况进行监控和分析，并及时调整公司战略和运营策略。

2. 优势识别：聚焦核心竞争力

在自我评估的基础上，初创公司需要聚焦自身的核心竞争力，即优势所在。每个公司都有其独特的优势，可能是技术优势、市场优势、管理优势等，这些优势是公司实现可持续发展的基础。通过识别并聚焦自身的优势，初创公司就能够集中资源，强化核心竞争力，从而在市场上形成独特的品牌形象和竞争力。同时，发挥优势还有助于提高公司的运营效率，降低成本，为公司创造更多的价值。

（1）技术优势。拥有独特、领先的技术，可以帮助初创公司在市场上脱颖而出。因此，初创公司应关注技术的研发和创新，不断提升技术水平和竞争力。

（2）市场优势。这主要体现在公司的市场定位、品牌影响力、渠道建设等方面。初创公司应明确自身的市场定位，并针对目标客户的需求进行产品研发和市场营销，逐步树立品牌形象，提高市场占有率。

（3）管理优势。初创公司应建立健全的管理制度，明确岗位职责和业务流程，以提高员工的工作效率和执行力。同时，要加强团队建设和人才培养，为公司的发展提供有力的人才支持。

3. 公司案例分析

昆明理工恒达科技股份有限公司（昆工科技）成立于2000年8月，

于 2022 年 9 月 1 日在北交所上市，是集节能降耗电极新材料、新能源材料、储能电池产品的研发、设计和产业化生产为一体的重点高新技术企业。昆工科技在自我评估与优势识别方面做得非常出色，是一家具有很强竞争力的企业。

在自我评估方面，昆工科技在成立之初就进行了全面的自我评估。公司深入分析了自身在技术实力、市场定位、管理水平等方面的优势和不足，明确了自身的发展方向和战略目标。同时，公司还定期对自身的运营情况进行评估和分析，通过及时发现问题和不足，为公司的改进提供了有力支持。

在优势识别方面，昆工科技的核心竞争力主要体现在技术优势和市场优势两个方面。公司在有色金属新材料领域拥有多项自主知识产权的创新工艺和技术，特别是在节能降耗电极新材料及其产品的研发和生产方面处于行业领先地位。同时，公司还积极开拓市场，建立了完善的销售渠道和客户关系网络，为公司的发展提供了有力保障。

昆工科技通过自我评估和优势识别，明确了自身的发展方向和战略目标。公司围绕有色金属新材料领域进行技术研发和产品创新，不断提高自身的技术水平和市场竞争力。同时，公司还注重品牌建设和市场营销，通过多种渠道推广自身产品和服务，赢得了客户的信赖和好评。经过多年的发展，如今昆工科技已经成为一家具有较强竞争力和影响力的企业。

总之，初创公司应结合自身实际情况，采取多种方法进行自我评估和优势识别，来全面了解公司的现状和优势所在。同时，公司要聚焦自身的核心竞争力，不断提升技术水平和市场竞争力，从而为公司的发展提供有力支持。

▶ 优势在创业中的体现与应用

初创公司要想生存并发展，就必须清晰地认识并发挥自身的优势。公司自身的优势不仅是公司在市场竞争中的立足之本，更是驱动公司不断成长的核心动力。

首先，优势是初创公司竞争力的核心。在初创阶段，公司资源有限，难以与成熟企业进行全面竞争。因此，识别并发挥自身的独特优势，就成了公司竞争的关键。技术优势、人才优势、市场优势、商业模式优势等，都能使初创公司在特定领域或细分市场中形成独特的竞争力，并让初创公司吸引到客户和投资者。

其次，优势有助于初创公司快速积累资源。在创业过程中，资源是公司发展的重要保障。通过体现和应用优势，初创公司能够更快获得客户认可、市场份额和资金支持。这些资源的积累，将进一步巩固公司的优势地位，形成良性循环。

再次，优势能够帮助初创公司抵御风险。创业过程中充满了各种不确定性，如市场风险、技术风险、资金风险等。通过发挥优势，初创公司能够在一定程度上降低这些风险。例如，技术优势可以帮助公司快速应对市场变化，人才优势可以提高公司的创新能力和应变能力，从而让公司能够抵御外部风险。

最后，优势是初创公司实现长远发展的关键。初创公司不仅要关注短期利益，更要着眼于长远发展。通过不断体现和应用优势，公司可以逐步建立起自己的品牌、声誉和生态系统，实现可持续发展。在这个过程中，优势将成为公司的重要支撑和动力源泉。

初创公司在创业中体现与应用优势，可以为公司打下坚实的基础，实现长期的可持续发展。具体可以从以下四个方面着手。

（1）产品创新。初创公司应充分利用自身优势，不断推出具有创新性的产品和服务。例如，技术优势可以帮助公司开发出具有颠覆性的新产品；人才优势可以为公司提供源源不断的创新思路；市场优势可以帮助公司准确把握市场需求并推出符合市场需求的产品；商业模式优势则可以帮助公司降低运营成本、提高盈利能力。

（2）品牌搭建。初创公司应充分利用自身优势打造自身独特的品牌形象。通过品牌定位、形象塑造和传播推广等手段，提高品牌知名度和美誉度，可以增强客户对公司的信任和忠诚度。

（3）市场拓展。初创公司可以通过线上线下渠道、合作伙伴关系、品牌合作等方式扩大市场覆盖范围，提高市场份额。同时，也可以利用数据分析、市场调研等手段，深入了解客户需求和市场趋势，为市场拓展提供有力支持。

（4）团队打造。初创公司应注重团队建设，通过招聘优秀人才，并利用人才优势打造高效、协作的核心团队，以提高整体实力。通过建立良好的企业文化、提供培训和发展机会、激励机制等手段激发员工的积极性和创造力。

成立于2008年的吉林碳谷，是一家专注于碳纤维领域的企业，主要业务涉及研究、开发、生产和经营碳纤维原丝、碳纤维及碳纤维纺织制品（不包含危险化学品），同时也包含丙烯腈无储存批发等。吉林碳谷在创业过程中体现和应用其优势的方法主要体现在以下方面。

技术优势与应用，包括：①独创的两步法纺丝工艺；②技术积淀与专利成果。

吉林碳谷独创了无机氧化还原三元水相悬浮聚合工艺和以 DMAC 为溶剂的湿法两步法原丝生产技术。这一技术打破了海外长期垄断的高技术壁垒，使得碳纤维原丝的生产更加高效和质量可控。

吉林碳谷在碳纤维原丝生产方面拥有多项核心技术，形成了较深的技术积淀。目前，公司拥有专利技术 15 项，极大增强了公司的技术壁垒，提升了碳纤维原丝的质量和性能。

成本优势与应用，包括：①规模化生产与成本降低；②资源利用与成本控制。

吉林碳谷采用大规模、低成本、工业化的生产方式，使原丝生产成本得到了有效降低，从而提升了市场竞争力。

吉林碳谷位于资源丰富的东北地区，周边拥有大量的石墨矿资源，为碳纤维原丝的原材料供应提供了保障。同时，公司还拥有完善的交通和物流体系，确保了原材料的采购和产品的运输成本能得到有效控制。

市场优势与应用，包括：①产品应用领域广泛；②市场需求响应快速。

吉林碳谷的碳纤维原丝产品被广泛应用于风电、刹车片、建筑补强、医疗器械、碳/碳复材、储氢瓶、军工及航空航天等领域。这种多元化的产品应用不仅提高了公司的市场覆盖率，也增强了客户对产品的依赖性。

吉林碳谷采用多品种、多规格批量的生产方式，以及市场导向的柔性化生产模式，能够快速响应市场需求的变化。例如，为了满足日益增长的风电领域碳纤维需求，公司计划募集 17 亿元用于年产 15 万吨碳纤维原丝项目建设，并加快推进 50K 原丝生产线建设项目。

因此，吉林碳谷通过技术创新、成本控制和市场拓展等策略，成功地在创业发展的进程中体现和应用了其优势，从而为公司的长期发展奠定了坚实的基础。

综上所述，对于初创公司而言，发挥优势是创业成功的关键。初创公司应注重产品创新、品牌搭建、市场拓展和团队打造等方面的工作，以充分发挥优势并推动公司的持续发展。同时，我们还从吉林碳谷的案例中得到启示，初创公司必须紧抓技术、成本、市场等优势，以取得竞争优势并实现快速成长。

▶ 如何持续发挥并提升优势

在初创阶段，公司的一切资源都很有限，只有充分发挥自身独特的优势，才能在激烈的市场竞争中站稳脚跟，获得客户和投资者的认可。本节将探讨初创公司如何做到这一点，并以长虹能源为例，分析其在持续发挥和提升优势方面的具体做法。

1. 明确目标，把握机遇

初创公司在成长过程中应明确发展目标，目标可分为短期目标、中期目标和长期目标。只有明确了目标，才能制定出切实可行的战略规划。初创公司也要善于发现并利用市场机遇，结合自身优势，选择适合自己发展的领域和项目。

长虹能源在初创阶段就明确了发展目标：成为全球领先的绿色能源企业。为了实现这一目标，长虹能源深入分析了市场趋势和竞争态势，选择了具有广阔发展前景的锌锰电池制造领域作为突破口。通过不断的技术创新和品质提升，长虹能源逐渐在行业中树立了良好的口碑，从而为实现长期发展目标奠定了坚实基础。

2. 持续创新，提升实力

初创公司需要具备创新思维，要勇于尝试新的商业模式、产品和技术。通过不断创新，打造出独特的核心竞争力。

长虹能源引进了国内外具有先进制造水平的生产设备，并经过不断的调试、改进和学习，掌握了先进的设计工艺和制造技术。同时，长虹能源还自主研发了自动收集机、高速涂碳机、高速正极制造系统和封口体点焊、组装设备，并引进了机械手、AGV等高端智能制造装备，全面提升了碱性电池生产线的自动化、智能化水平。这些创新举措使得长虹能源在产品质量、生产效率和成本控制等方面取得了显著优势，并让公司的竞争力得到了显著提升。

3. 强化团队，培养人才

初创公司应注重团队建设，要选拔和培养具备专业能力、创新精神和团队协作精神的人才。通过建设高效、协作的团队，来让公司的全体员工共同推动公司的发展。

长虹能源在团队建设方面采取了多项措施。首先，公司注重人才培养和引进，通过校园招聘、社会招聘和内部培训等多种方式，选拔和培养了一批具备专业知识和实践经验的人才。其次，长虹能源建立了完善的激励机制和晋升机制，鼓励员工积极创新、勇于担当，为员工提供了广阔的发展空间。最后，公司还加强了团队协作和文化建设，倡导"诚信、创新、协作、共赢"的价值观，形成了良好的工作氛围和企业文化。这些措施使得长虹能源的团队凝聚力不断增强，为公司的持续发展提供了有力支持。

4. 资金运作，合理规划

初创公司需要合理规划资金运作，以确保公司的正常运转。同时，要积极寻求外部融资，为公司的快速发展提供资金支持。在融资过程中，要注意风险控制和合规经营，以确保公司的稳健发展。

长虹能源注重资金使用的效率和效益，通过优化生产流程、降低生产成本、提高产品质量等方式，提高了资金的回报率。同时，长虹能源还积极寻求外部融资机会，通过银行贷款、股权融资等方式筹集资金，为公司的快速发展提供了强有力的支持。在融资过程中，长虹能源严格遵守相关法规和规定，确保了资金使用的合规性和稳健性。

5. 品牌建设，提升名誉

初创公司应注重品牌建设，通过提升产品质量、加强营销推广等方式，可以提高公司的知名度和美誉度。一个优秀的品牌不仅能够为公司带来稳定的客户群，还能够提升公司的市场竞争力。

长虹能源在品牌建设方面采取了多项措施。首先，公司注重产品质量的提升和品质控制，通过引进先进的生产设备和技术、加强生产管理等方式，确保了产品的稳定性和可靠性。其次，长虹能源加大了营销推广力度，通过参加行业展会、举办新品发布会、进行广告宣传等方式，提高了公司的传播半径。最后，长虹能源积极参与公益事业和社会活动，提升了公司的社会责任感和品牌形象。这些措施使得长虹能源在行业中树立了良好的品牌形象和口碑，从而为公司的持续发展提供了有力保障。

6. 开放合作，共谋发展

在全球化的背景下，开放合作是初创公司做大做强的必然选择。初创公司需要积极寻求与产业链上下游企业、行业领军企业以及国内外优秀企业的合作机会，共同推动行业的发展。通过合作，初创公司可以学习到更多的先进经验和技术，这就能为快速成长提供有力支持。

长虹能源积极与国内外知名企业开展合作和交流，共同研发新产品、新技术和新应用。同时，长虹能源还积极参与行业组织和标准制定工作，为推动行业的发展贡献了自己的力量。这些合作机会不仅使得长虹能源在技术和市场上获得了更多的支持和帮助，还提升了公司在行业中的影响力和地位。

综上所述，初创公司要持续发挥并提升优势需要从多个方面入手。明确目标、持续创新、强化团队、资金运作、品牌建设和开放合作等都是非常重要的方面。以长虹能源为例可以看到，一个成功的初创公司在这些方面所做出的努力和取得的成果。相信在未来的发展中，会有更多的初创公司能够通过不断发挥和提升自身优势实现快速成长和成功。

➤ 团队协作与优势互补

在创业的热潮中，初创公司如同雨后春笋般涌现。然而，想要在竞争激烈的市场中脱颖而出，初创公司不仅需要独特的创意和商业模式，更需要高效的团队协作和优势互补。本节将深入探讨初创公司的团队协作与优势互补的重要性，并以星昊医药为例，分析其在这一方面的实践经验。

1. 团队协作的重要性

一个优秀的团队能够集思广益，共同面对挑战，并为公司的发展提供源源不断的动力。以下是团队协作在初创公司中的重要作用。

（1）提高决策效率。团队成员之间的合作可以加速信息的流通和共享，使公司能够快速做出决策。此外，不同背景和专长的成员可以提供多元化的观点和建议，能提高决策的全面性和准确性。

（2）促进创新。团队成员之间的交流和碰撞可以激发创新思维，从而为公司带来新的创意和商业模式。这种创新既可以提升公司的核心竞争力，也可以为公司赢得更多的市场机会。

（3）降低成本。团队协作可以避免资源的浪费和重复投入，降低公司的运营成本。通过合理分工和协作，公司可以充分利用每个成员的专业知识和经验，提高工作效率和质量。

2. 优势互补的必要性

在初创公司中，每个成员都可能有自己的专长和优势，但也可能存在不足和短板。为了实现公司的长期发展，成员之间需要形成优势互补的关系，来共同推动公司的进步。以下是优势互补在初创公司中的必要性。

（1）弥补短板。团队成员之间的优势互补可以弥补各自的短板和不足，让团队更加完整。这种互补不仅可以在技术和产品方面产生协同效应，还可以在管理和市场方面形成合力，提升公司的整体竞争力。

（2）提升效率。通过优势互补，团队可以更加高效地完成各项工作；通过分工合作，团队可以提高工作效率，减少资源浪费。例如，技术人员可以专注于技术研发和创新，而市场人员则可以专注于市场推广和销售。

（3）激发创新。团队成员之间的互补关系能够激发创新思维和创造力。不同背景和专长的成员可以相互学习、相互借鉴，共同探索新的商业模式和市场需求，这就可以为公司带来新的增长点和竞争优势。

3. 公司案例分析

星昊医药成立于2000年，是一家专注于医药研发和生产的大型公司。该公司在团队协作和优势互补方面有着独特的实践经验，以下是具体做法。

首先是建立高效的团队协作机制。星昊医药注重团队成员之间的沟通和协作，建立了高效的团队协作机制。公司鼓励成员之间分享知识和经验，共同解决问题。同时，公司还通过定期的团队建设和培训活动，来增强团队的凝聚力和向心力。

其次是充分发挥成员的专业优势。星昊医药注重发掘和发挥每个成员的专业优势。公司根据成员的背景和专长进行合理分工，让每个人都能在自己擅长的领域发挥最大作用。这种分工合作不仅提高了工作效率，还激发了成员的积极性和创造力。

最后是形成优势互补的发展模式。星昊医药在团队建设过程中，注重形成优势互补的发展模式。公司积极引进具有不同背景和专长的优秀人才，与他们共同探索新的市场机会和商业模式。同时，公司还与其他医药企业、科研机构等建立合作关系，共同开展技术研发和创新活动。

星昊医药的团队协作与优势互补实践为我们提供了宝贵的启示。通过建立高效的团队协作机制、发挥成员的专业优势以及形成优势互补的发展模式等方式，初创公司可以提高决策效率、促进创新、降低成本并提升竞争力。同时，初创公司还需要注重树立共同的目标和价值观、建立有效的沟通机制，以及注重人才的培养和引进等方面的工作。只有做到这些，初创公司才能在激烈的市场竞争中脱颖而出，并实现长期发展。

▶ 优势转化为商业价值的策略

初创公司面临着资源有限和竞争激烈的双重挑战。为了在市场中立足并快速发展，必须有效利用自身的独特优势，这些优势可能是技术领先、创新模式或是对特定市场的深刻洞察。然而，如何将这些优势有效地转化为商业价值，是初创公司面临的重要挑战。本节将从理论角度出发，并结合具体案例，来探讨初创公司优势转化为商业价值的策略。

初创公司需要不断创造价值并满足市场需求，才能吸引投资、扩大规模并维持运营。通过制定明确的策略，初创公司可以不断优化资源配置，提升运营效率，并在市场中建立独特的品牌地位。

市场定位是初创公司将自身优势转化为商业价值的第一步。初创公司应深入分析市场需求，找到自身产品与市场的契合点，明确市场定位。例如，某互联网初创公司通过调研发现，市场上有大量中小企业对高效的线上营销工具有强烈需求，于是公司便定位为一站式线上营销服务平台，并通过整合各种营销资源，来为中小企业提供全方位的服务。

初创公司应持续投入研发，不断推出新产品或服务，以满足市场需求。同时，公司也应关注行业发展趋势，提前布局未来市场。例如，某生物科技初创公司专注于基因编辑技术的研发，通过不断突破技术瓶颈，成功开发出拥有自主知识产权的基因编辑工具，为全球科研机构提供高效的实验手段。

初创公司应通过构建生态系统，整合内外部资源，形成协同效应，从而提升市场竞争力。例如，某电动汽车初创公司通过打造包括充电网络、维修保养、智能出行等在内的生态系统，为用户提供了全方位的服务体验。同时，公司还与多家企业建立了合作关系，来共同推动电动汽车行业的发展。

初创公司必须重视人才培养与引进工作，建立完善的人才激励机制，吸引和留住优秀人才。同时，公司还应关注员工的成长需求，提供多样化的培训和发展机会。例如，某人工智能初创公司通过与高校合作，共同培养人工智能领域的专业人才，为公司发展提供了源源不断的人才动力。

此外，初创公司还需深入了解目标客户的需求和偏好，并制定有针对性的营销策略。同时，公司还应注重品牌建设，提升品牌知名度和美誉度。例如，某健康食品初创公司通过社交媒体平台开展精准营销，利用大数据分析用户需求，为用户提供了个性化的健康食品推荐。同时，公司还积极参与公益活动，提升了品牌形象和社会责任感。

某科技公司成立于 2015 年，专注于智能家居产品的研发和销售。在初创阶段，该公司凭借创新的产品设计和高效的营销策略迅速打开了市场。以下是该公司将自身优势转化为商业价值的具体策略。

（1）创新产品设计。该公司注重用户体验和产品创新，不断推出具有独特功能和设计感的智能家居产品。例如，公司开发了一套具有场景实时控制功能的智能照明系统，用户可以通过手机App、语音指令或场景设置实现灯光调节和场景设置等功能。

（2）高效营销策略。该公司通过社交媒体平台开展精准营销，利用大数据分析用户需求和行为习惯，为用户提供了个性化的产品推荐和优惠活动。同时，公司还与多家媒体合作开展品牌推广活动，来拓展品牌影响力。

（3）合作伙伴拓展。该公司积极与相关行业的企业建立合作关系，共同推动了智能家居行业的发展。例如，该公司与某房地产开发商合作，为新建楼盘提供智能家居解决方案；与某电商平台合作开展线上销售活动等。

通过上述策略的实施，该公司成功地将自身优势转化为商业价值，实现了快速增长。目前，该公司已成为智能家居行业的中坚力量，并为行业发展贡献着重要的力量。

总而言之，初创公司的优势转化为商业价值，需要明确的市场定位、创新的驱动发展、完善的生态系统、深度的人才培养、精准的营销策略与广泛的品牌建设等策略。同时，也必须关注市场动态和用户需求变化，并不断调整和优化经营策略。通过不断努力和创新实践，初创公司可以将自身优势转化为商业价值，实现可持续发展。

第十章　人才规划：打造高效团队

▶ 招聘团队：通过各种渠道招募人才

在初创公司的创立与成长过程中，招聘一支高效、专业的团队是非常重要的。优秀的团队成员不仅能够为公司带来新的思路和创新，还能在面对各种挑战时为公司提供有力的支持。因此，如何在竞争激烈的市场中招募到合适的人才，现已成为每个初创公司都需要面对的问题。

在进行招聘之前，初创公司需要明确自身的招聘需求和目标，包括确定所需职位的数量、职责、任职要求以及期望的候选人特点等。通过明确招聘需求与目标，初创公司不仅能够更有针对性地寻找合适的候选人，还能够提高招聘效率。明确了招聘需求和目标之后，就可以利用多元化的招聘渠道来进行招聘。

（1）网络招聘平台。通过在各大招聘网站发布职位信息，初创公司便有机会吸引到求职者关注。一些专业的招聘网站还提供简历筛选、在线沟通等功能，来帮助公司快速找到合适的候选人。例如，某科技初创公司在招聘技术人员时，通过在智联招聘、前程无忧等网站上发布职位信息，成功吸引到了具备丰富经验和技能的候选人。

（2）社交媒体。通过在微信、微博、抖音、领英等社交媒体上发布招聘信息或参与相关讨论，初创公司就能够接触到更广泛的潜在候选人。此外，一些社交媒体平台还提供了精准推送功能，这可以帮助公司更精准地定位目标候选人。例如，某电商初创公司在招聘市场营销人员时，通过在微博上发布招聘信息并积极参与相关话题讨论，吸引到了最想引入的具有创新思维和营销经验的候选人。

（3）人才市场与招聘会。通过参加各类人才市场、校园招聘会和行业招聘会等活动，初创公司能够直接面对求职者，了解他们的技能、经验和期望。同时，这些活动还为初创公司提供了与同行业公司、行业协会等机构交流的机会，有助于扩大公司的影响力。例如，某生物科技初创公司在参加一场行业招聘会时，成功招聘到了四名具有丰富经验和专业技能的研发人员。

（4）内部推荐与猎头公司。内部推荐通常能够为公司带来高质量的候选人，因为员工往往更了解公司的文化和需求。猎头公司则具备专业的招聘经验和资源，能够帮助初创公司快速找到合适的候选人。例如，某互联网初创公司通过与知名猎头公司合作，成功招聘到了一位在行业内具有广泛影响力的技术专家。

（5）校园招聘。通过与高校建立合作关系，参加校园宣讲会、双选会等活动，初创公司能够接触到大量优秀的应届毕业生。这些年轻人才通常具备较强的学习能力和适应能力，能够为公司注入新的活力。例如，某教育初创公司在与多所高校建立合作关系后，通过参加校园宣讲会和双选会等活动，成功招聘到了一批具有潜力和才华的应届毕业生。

初创公司需要优化招聘流程与提高面试效率，高效的招聘流程可以确保公司迅速找到并吸引符合需求的优秀人才，从而加快团队建设和业务发展的步伐。优化后的流程能够减少时间和资源浪费，降低招聘成本，并提高候选人满意度和入职效率。而且，提高面试效率也有助于公司更准确地评估候选人的能力和潜力，确保招聘到的人才能够迅速融入团队并为公司创造价值。因此，优化招聘流程与提高面试效率对于初创公司的长期稳定发展至关重要。具体应该怎么做呢？

首先，制定明确的招聘流程。初创公司需要制定明确的招聘流程，包括简历筛选、初步沟通、面试安排、面试评估、录用通知等环节。明确的招聘流程有助于确保每个环节都能够顺利进行，避免出现疏漏和延误。

其次，提高面试效率。在面试过程中，初创公司需要确保每位候选人都能被充分的考查和评估。然而，面试时间有限，如何在有限的时间内获取尽可能多的信息就成了关键问题。因此，初创公司可以通过制定详细的面试指南、采用多种面试形式（如电话面试、视频面试、现场面试等）以及利用面试评估工具等方式来提高面试效率。

随着公司的发展和市场环境的变化，初创公司需要持续优化招聘策略与流程，以适应新的需求。通过定期评估招聘效果、收集员工反馈、分析市场趋势等方式，不断调整和完善招聘策略与流程，确保公司能够持续招聘到合适的人才，并为公司的发展注入新的活力。

某互联网初创公司在成立初期急需组建技术团队。该公司通过在各大招聘网站发布职位信息、参与行业招聘会和内部推荐等方式，成功吸引了具备丰富经验和技能的技术人才。同时，该公司还制定了详细的招聘流程和面试指南，确保每位候选人都能被充分的考查和评估。最终，该公司成功组建了一支高效、专业的技术团队，为公司的发展奠定了坚实的基础。

某生物科技初创公司在研发过程中需要引进行业内的专业人才。为了快速找到合适的候选人，该公司决定与知名猎头公司合作。猎头公司凭借丰富的行业资源和专业的招聘经验，帮助该公司成功挖掘到了一位行业内的技术大咖。这位大咖的加入极大提升了公司的研发实力，为公司带来了更多的合作机会和市场资源。

结合公司案例的分析可以看出，不同的招聘渠道和策略适用于不同的公司和岗位需求。因此，初创公司需要根据自身的实际情况选择合适的招聘渠道和策略，以确保招聘到的人才能够为公司的发展贡献价值。

▶ 培训发展：快速提升复制力

在初创公司的成长过程中，快速复制成功模式、保持高效运营和持续创新是至关重要的。而要实现这些目标，提升团队的复制力就成了不可或缺的一环。复制力，指的是团队成员能够快速理解、掌握并复制公司的成功经验和最佳实践的能力。

对于初创公司而言，复制力的重要性不言而喻。首先，复制力有助于公司快速扩张。在业务快速发展的过程中，公司需要不断复制成功的经验和模式，以实现业务规模的快速扩张。其次，复制力有助于提高运营效率。通过培训，团队成员能够熟练掌握公司的运营流程和最佳实践，从而提高工作效率和执行力。最后，复制力有助于保持创新动力。在复制成功模式的同时，团队成员能够不断挖掘新的机会和创意，推动公司不断创新和发展。那么，初创公司培训发展策略需要怎样做呢？

第一步：明确培训目标。培训目标应该与公司的战略目标紧密相连，旨在提升团队的复制力和核心竞争力。具体来说，培训目标可以包括提高员工的技能水平、增强团队凝聚力和协作能力、推广公司的价值观和企业文化等。

第二步：制订培训计划。培训计划应该包括培训内容、培训方式、培训时间、培训师资等方面的安排。培训内容应该紧密围绕公司的业务需求和员工的发展需求，以确保培训内容具有针对性和实用性。培训可以采用线上或线下的方式进行，以满足不同员工的学习需求。培训时间应该合理安排，避免影响员工的正常工作。培训师资应该具备丰富的行业经验和教学经验，要能够为员工提供高质量的培训服务。

第三步：实施培训项目。在制订好培训计划后，初创公司便可以开始实施培训项目。在培训过程中，公司应该注重培养员工的主动性和参与性，鼓励员工积极提出问题和分享经验。同时，公司还应该对培训过程进行监督和评估，以确保培训效果达到预期目标。对于培训过程中发现的问题和不足，公司应该及时进行调整和改进。

第四步：跟进与反馈。培训项目结束后，初创公司需要跟进员工的培训成果和反馈意见。通过收集员工的反馈意见和评估结果，公司能够了解培训效果并进一步优化培训计划。同时，公司还应该为员工提供必要的支持和帮助，以确保员工能够将所学知识和技能应用到实际工作中。

某科技创业公司在成立初期就意识到培训发展对于提升团队复制力的重要性。该公司制定了一套"导师制度"的培训策略。在该制度下，新员工入职后会由经验丰富的老员工担任"导师"，负责传授公司的业务知识和经验。"导师"会定期与新员工进行交流和指导，以确保新员工能够快速掌握公司的运营模式和最佳实践。同时，该公司还鼓励员工之间进行交流和分享，以促进团队内部的相互学习和成长。通过这套"导师制度"的实施，该公司成功提升了团队的复制力，并为公司的发展奠定了坚实的基础。

对于初创公司而言，提升团队的复制力是保持竞争力和实现快速发展的关键。通过制定明确的培训目标、制订详细的培训计划、实施有效的培训项目和及时跟进与反馈等步骤，初创公司可以快速提升团队的复制力。同时，初创公司还可以借鉴其他成功企业的培训发展经验，如实施导师制度、开展实战演练等。这些措施可以帮助公司更好地培养员工的复制力和创新能力，从而为公司的发展注入新的活力。

最后，需要强调的是，培训发展是一个持续不断的过程。初创公司应该保持对市场需求和员工发展需求的敏锐洞察力，并根据员工的发展需求和市场需求不断调整和优化培训发展策略，以确保团队始终保持高效、创新的复制力。

▶ 薪酬设定：薪酬结构与薪酬级差

在初创公司的发展过程中，薪酬管理作为人力资源管理的重要组成部分，对于激发员工潜力、维持员工稳定性以及吸引和留住优秀人才具有关键作用。

薪酬结构是指公司内部不同职位或技能水平所对应的薪酬水平及构成，是薪酬管理的基础。一个合理的薪酬结构应该能够反映公司的价值观、战略目标以及员工的能力和贡献。在初创公司中，薪酬结构的设计尤为重要，因为它直接关系着公司的成本控制、员工激励以及公司文化的塑造。

薪酬级差是指在同一薪酬结构内部，不同职位或技能水平之间的薪酬差异。薪酬级差的存在可以激发员工的进取心，促进员工的职业发展，同时也能够保持公司内部的公平性和竞争力。在初创公司中，薪酬级差的设计需要充分考虑公司的发展阶段、行业特点以及员工需求等因素，建议用宽带薪酬替代窄带薪酬。

窄带薪酬是指具有大量层次的传统垂直型薪酬结构，其将公司中不同的职位按序列划分为不同的序列级别。

宽带薪酬是指带宽较宽的薪酬，是对多个薪酬等级和薪酬变动范围的重新组合，然后变成相对较小的薪酬等级和相对较宽的薪酬变动范围。

宽带薪酬中的"带"意味着薪酬级别，因此宽带薪酬的浮动范围比较大。与之相对应的是窄带薪酬，即薪酬浮动范围小、等级多。由窄向宽的改变，具体的表现形式是，在公司内用少数跨度较大的工资范围来代替原有数量较多的工资级别的跨度范围，将原来十几级甚至更多薪酬等级压缩成几个级别，同时将每一个薪酬级别所对应的薪酬浮动范围拉大。

员工根据其岗位和工作业绩，在其对应的薪酬范围跨度内定薪。员工在一般努力的情况下可以达到一个薪酬标准，在非常努力的情况下可以提升薪酬标准。

薪酬体系看起来是一系列数字，但如何让这些数字更为明确合理呢？这就需要把握薪酬设计中的三要素：中点值、级差和级幅度。

1. 中点值

在宽带薪酬体系中，每一个薪级对应的中点值就代表了公司对岗位的付薪水平。因此，确定了关键岗位所在薪级的中点值，就基本确定了对该薪级的薪酬数据。

公司可以参考专业机构发布的薪酬调研报告，也可以参考竞争对手的付薪水平，还可以参考公司内部以往对应岗位的付薪水平，但一定要注意公司整体人力资源成本的可承受限度。

在一个宽带薪酬体系中，能够明确的薪级的中间值通常会以三种形式出现。

（1）确定每一个薪级的中点值。将每一个薪级的中点值都确定好，也就基本确定了薪酬体系的付薪水平和整体定位（见表10-1）。

表10-1 确定每一个薪级的中点值

薪级	1	2	3	4	5	6	7	8	9
中点值	50	55	61	68	77	87	101	121	150

（2）确定几个薪级的中点值。在薪酬定位时，由于缺少完善的外部数据，只能确定几个核心岗位的薪酬定位（见表10-2）。

表10-2 确定几个薪级的中点值

薪级	1	2	3	4	5	6	7	8	9
中点值			61		77	87			150

（3）只能确定一个薪级的中点值。这种情况较为少见，但却很典型，原因在于可参考数据太少（见表10-3）。

表10-3 只能确定一个薪级的中点值

薪级	1	2	3	4	5	6	7	8	9
中点值				68					

2.级差

宽带薪酬体系中，核心是中点值。在三种中点值形式中，各薪级中点值都能确定的，就无须再计算级差，可以直接设计级幅度。定级差主要针对后两种情况，通过几个核心薪级确定所有薪级的中点值。计算公式如下：

较高薪级的中点值＝较低薪级的中点值×（1+级差）

可以通过以下三种方法求出。

（1）通过几个分散薪级的中点值确定各薪级级差。假设某公司经分析评价确定的关键岗位中点值（见表10-4）。

表10-4 某公司关键岗位中点值

薪级	1	2	3	4	5	6	7	8	9	10
中点值				50000			90000		15000	

如何体现薪级中点值之间的关系？根据级差公式，假设薪级4级与5级之间的级差是S_{4-5}，其他级差依次类推，得出如下等式：

$90000 = 50000 \times (1+S_{4-5}) \times (1+S_{5-6}) \times (1+S_{6-7})$

虽然各薪级的中点值并非等差或等比关系，但之间的差别不是很大，暂时按等差计算，即 $90000 = 50000 \times (1+S)^3$，计算得出 S 为 21.6%（实际操作中四舍五入取整数，为 22.0%）。

按一般规律来说，低薪级中点值会小于高薪级中点值，即 $S_{4-5} < S_{5-6} < S_{6-7}$，所以取中间的 $S_{5-6} = 21.6\%$，可知 S_{4-5} 的具体值应在 21.6%（22.0%）的左侧设置，S_{6-7} 的具体值应在 21.6%（22.0%）的右侧设置。同理，S_{1-2}、S_{2-3}、S_{3-4}、S_{7-8}、S_{8-9}、S_{9-10} 也可以按照以上公式计算得出相应级差。所以，该公司各薪级的级差根据计算所得与级差的一般规律可以设置如下（见表 10–5）。

表10–5　某公司薪级级差设置

薪级	1	2	3	4	5	6	7	8	9	10
级差		S_{1-2} 18.0%	S_{2-3} 19.0%	S_{3-4} 20.0%	S_{4-5} 21.0%	S_{5-6} 22.0%	S_{6-7} 23.0%	S_{7-8} 24.0%	S_{8-9} 25.0%	S_{9-10} 26.0%
中点值	3万	3.57万	4.28万	5.18万	6.32万	7.77万	9.63万	12.04万	15.17万	19.24万

（2）通过几个连续薪级的中点值确定各薪级级差。假设某公司经分析评价确定的关键岗位中点值（见表 10–6）。

表10–6　某公司关键岗位中点值

薪级	1	2	3	4	5	6	7	8	9	10
中点值				50000	60000	80000				

根据上面方法了解到，可以根据相应的薪级、中点值计算级差 S_{4-5}、S_{5-6}、S_{6-7}（或 S_{3-4}、S_{4-5}、S_{5-6}），并根据这三个级差呈现出来的规律，确定其他薪级的级差与中点值。

但是，因为相邻或连续的薪级在薪酬体系设计时，可能导致距离较远的未知中点值的薪级级差计算出现偏差，所以在计算时需要通过试错，来最终确定合理的薪级级差。

（3）通过一个薪级的中点值确定各薪级的级差。假设某公司经分析评价确定的关键岗位中点值（见表 10–7）。

表10-7 某公司的关键岗位中点值

薪级	1	2	3	4	5	6	7	8	9	10
中点值						80000				

之前两种方法可以通过一定的计算方式确定未知薪级的中点值。但如果只有一个已知薪级与中点值，便无法计算薪级级差。这种情况下，需要依靠经验假设级差，确定中点值。在凭经验给出数据的过程中，需要全方位衡量，多征求意见，并经过反复试错，力争让推测出的数据尽可能接近正确值。

3. 级幅度

确定了薪级的中点值和级差，就确定了每个薪级的付薪水平，每个薪级的级幅度（带宽）则代表了该薪级的付薪范围。

薪级幅度的确定需要注意幅度控制问题。如果级幅度设定过宽，将不宜体现薪级之间的差距，也会在定薪时导致薪酬偏高，让公司人力成本失控；如果级幅度设定过窄，将导致薪级内的薪酬浮动无法有效体现，且无法容纳薪级内不同能力值员工的差别化定薪。

为了保障薪级幅度设定得合理有效，需要依据以下两个原则。

（1）基本覆盖原则。宽带薪酬体系必须适应于公司经营现状，薪酬体系要能够覆盖现有的大多数员工的薪酬数据。

（2）增长空间原则。一个科学合理的薪酬体系必须具有增长性，即薪酬体系的数据能够保障大多数岗位未来2～3年的增长空间。

在薪酬结构与薪酬级差的设计过程中，公司需要充分考虑自身的发展战略、行业特点以及员工需求等因素，制定出科学合理的薪酬策略和方法。通过合理的薪酬设定，公司可以有效激发员工的工作积极性和创造力，并促进公司的健康稳定发展。

➤ 绩效考核：运用科学的考核方法

在初创公司中，建立科学有效的绩效考核体系对于激发员工潜能、促进团队协作、加速公司成长至关重要。以下将详细介绍六种适用于初创公司的绩效考核方法，每种方法以实际案例的形式介绍具体的实操方法，旨在全面评估和提升员工的综合能力。

1.关键绩效指标考核法

关键绩效指标（Key Performance Indicators，KPI）考核法，是一种将公司战略目标分解为可量化的具体指标的考核方法。通过设定明确、可衡量的绩效标准，使员工明确自己的工作目标和努力方向。

关键绩效指标考核法的优点是目标明确，易于量化，便于跟踪和比较；缺点是因为过于关注短期目标，而忽视了长期发展与员工成长，有时也会因为指标设置不当导致片面评价。

某初创互联网公司致力于开发一款在线教育产品，为了评估员工的工作绩效，公司采用了 KPI 考核法。具体做法如下。

（1）设定 KPI 指标。公司根据战略目标设定了用户增长率、课程完成率、用户满意度等关键绩效指标。

（2）分配指标权重。根据各指标对公司战略目标的重要性，为各指标分配不同的权重，其中用户增长率的权重最高。

（3）制定考核周期。设定季度或年度考核周期，以便定期评估员工的工作绩效。

（4）评估与反馈。在每个考核周期结束后，根据员工在 KPI 指标上的表现进行评估,并给予相应的反馈和建议。

该公司通过运用KPI考核法,使得员工的工作目标更加明确,让公司整体的战略目标得以有效实施。同时,定期的评估与反馈也有助于员工不断提升自己的工作能力和绩效水平。

2. 360度反馈考核法

360度反馈考核法是一种多角度、全方位的绩效考核方法。通过收集员工本人与上级、同事、下属以及客户等多方面的反馈意见,对员工的工作绩效进行全面评估(见表10-8)。

表10-8 不同评价者的特点

考核主体	优点	缺点
本人	自我防卫意识弱的人,能够客观分析自己的不足,并愿意加强、补充自己尚待开发或不足之处,从而增强自我管理意识	自我防卫意识强的人,不能全面意识到自己的不足,也不愿意正视自己需要加强和补充的地方,会给出明显优于自己的考核结果
上级	目标导向明确,能够更全面了解被评价者的业务内容与完成情况	因为占据关系中的主导地位,容易触发个人主观意识,不能给出更为客观的评价
同事	彼此间属于同级关系,又因为共同工作时间较长,相互了解较多,有利于给出更加透彻的评价	但如果相互间处于竞争关系,就会受到主观意识的影响,无法给出客观评价,如故意贬低被评价者
下属	因为处于关系中的低位,可以更深刻地感受到上级的工作作风与性格特点,有利于看到被评价者的隐藏面	因为处于关系中的被动地位,容易触发个人主观意识,无法给出客观评价,如故意抬高被评价者
客户	因为相互间不存在组织内的利益关系,能够看到被评价者不易被发现的一面,从而能保证给出较为公正的考核结果	因为相互间不存在组织内的利益关系,被评价者不容易获得客户的支持

360度反馈考核法的优点是全方位评价,减少偏见,增强员工自我认知;缺点是操作复杂,成本较高,可能存在报复性评价的风险。

某初创生物科技公司专注于研发新型生物药品,只有这款药品获得成功，公司才能有发展前景。因此，为了更全面地评估员工的工作绩效，公司采用了360度反馈考核法。具体做法如下。

（1）确定评估对象。选择需要评估的员工，包括研发、销售、市场等各个部门的员工。

（2）选择评估者。为每名员工选择多名评估者，包括其本人、上级、同事、下级以及客户等。

（3）设计评估问卷。根据公司的战略目标和文化特点，设计评估问卷，以确保问卷内容能够全面反映员工的工作绩效。

（4）收集反馈意见。通过在线调查、电话调查或者面对面访谈等方式，收集评估者对员工的反馈意见。

（5）汇总与分析。对收集到的反馈意见进行汇总和分析，形成对每个员工的综合评估报告。

（6）反馈与改进。将评估报告反馈给员工本人，并根据评估结果制订相应的改进计划。

该公司通过运用360度反馈考核法，不仅全面了解了员工的工作绩效，还促进了员工之间的沟通与协作。此外，评估报告也为公司提供了员工培训和个人职业发展规划的依据。

3. 目标管理法

目标管理法（Management by Objectives，MBO）是一种强调员工参与、注重结果导向的绩效考核方法。通过设定明确的目标和期望成果，使员工明确自己的工作方向，并自主制订实现目标的计划。

目标管理法的优点是目标导向，员工参与度高，能提升工作积极性；缺点是目标设定可能过于理想化，难以实现，且考核过程需高度依赖员工的自我管理能力。

某初创电商公司在融资白皮书中明确阐述了要打造一个便捷的在线购

物平台，这个平台的成功与否将直接影响到下一轮融资和后续发展。因此，为了激发员工的工作积极性和创造力，公司采用了目标管理法进行绩效考核。具体做法如下。

（1）制定总体目标。公司根据战略目标和发展需求，制定总体目标，如提高销售额、降低运营成本等。

（2）分解目标到部门和个人。将总体目标分解为各部门和个人的具体目标，确保每个员工都明确自己的工作目标和期望成果。

（3）制订实施计划。员工根据自己的目标制订实施计划，包括时间进度、资源配置等方面。

（4）定期监控与评估。公司对员工的目标实现情况进行定期监控和评估，以确保员工按计划推进工作。

（5）激励与反馈。根据员工的绩效表现给予相应的激励和反馈，以鼓励员工继续努力提升绩效水平。

该公司通过运用目标管理法，使得员工的工作目标更加明确和具体，同时也激发了员工的工作积极性和创造力。此外，定期的监控与评估也有助于公司及时发现问题并进行调整优化。

4.行为锚定等级评价法

行为锚定等级评价法（Behaviorally Anchored Rating Scales，BARS），又称为行为定位法，是将同一职务中可能发生的各种典型行为进行评分度量的绩效考核方法。通过设定一系列具体的行为标准作为考核锚定点，然后以此为依据对员工在工作中的行为表现进行评分和评估。

行为锚定等级评价法的优点是标准具体明确，减少了评价的主观性；缺点是开发成本较高，需要细致的行为样本收集与分析。

某初创金融服务公司专注于提供创新的金融产品和服务，客户服务部门的主要职责是为客户提供高质量的服务，解决客户在使用公司产品或服务过程中遇到的问题。为了评估员工在服务质量和客户满意度方面的表现，公司采用了行为锚定等级评价法。具体做法如下。

（1）进行岗位分析，获取本岗位的关键事件。公司要求对工作较为了解的人（通常是工作承担者及其主管人员）对一些代表优良绩效的关键事件进行描述。

（2）设定行为标准。公司根据服务质量和客户满意度的要求，设定了与客户服务相关的行为标准，如积极倾听客户需求、耐心解答客户问题、迅速响应客户反馈等。每个行为标准都被详细描述，并配有具体的评分等级。

（3）编制评分量表。根据行为标准编制评分量表，并为每个标准设定不同的评分等级和具体描述。一般分为 5～9 级，将关键时间归并为若干绩效指标。评估人员通过观察员工在与客户互动中的表现，对照评分量表进行评分。评分过程中，评估人员会记录员工在哪些方面表现出色，哪些方面需要改进，并给出具体的反馈意见。

（4）汇总与反馈。公司将员工的评分结果进行汇总，形成行为表现报告。这些报告不仅被用于员工的绩效考核和奖金发放，还作为员工培训和职业发展规划的依据。通过 BARS 考核法，公司能够更准确地了解员工在客户服务方面的行为表现，及时发现并解决问题，提升整体服务质量和客户满意度。同时，公司应将报告反馈给员工本人，以帮助员工了解自己在工作中的优点和不足，并提出相应的改进建议。

5. 强制正太分布法

强制正太分布法（Forced Distribution Method，FDM)，又称为强制分布

法，是根据正太分布原理，即俗称的"中间大，两头小"的分布规律进行考核的方法。首先确定各评价等级在被评价员工总数中的百分比，再按照每个员工的绩效考核结果，强制将其列入其中的某一等级，最后再根据员工所在的不同等级对其进行奖惩。

强制正太分步法的优点是能确保评价的公正性，避免平均主义；缺点是可能导致"末位淘汰"的负面效应，影响团队氛围。

某初创广告公司致力于为客户打造出"不一样"的广告推广效果，因此必须获得优秀人才。为了留住当下的人才，也为了招揽更多的人才，公司推出了强制正太分布法，一方面淘汰不适用的人，另一方面也要给人才营造出良币驱逐劣币的正向竞争氛围。具体做法如下。

（1）确定评定等级。公司将员工分为 A、B、C、D、E 共 5 个等级，其中将 10% 的人评定为 A 等，20% 的人评定为 B 等，40% 的人评定为 C 等，20% 评定为 D 等，10% 评定为 E 等。

（2）相互打分制。要求员工根据绩效考核标准，对除自己以外的其他员工进行百分制评分。

（3）求出平均分。对称地去掉若干个最高分和最低分，求出每个员工的平均分；再把所有员工的平均分加总，之后除以被考核人数，计算出所有员工的绩效考核平均分。

（4）求出标准化考评得分。用每名员工的平均分除以所有员工的平均分，得到每名员工的标准化考评得分。标准分等于或接近 1 的员工被评定为中等；标准分明显大于 1 的员工被评定为优等；标准分明显低于 1 的员工被评为差等。

（5）确定奖金总点数。根据每名员工的评定等级所对应的奖金分配点数,计算各部门的奖金总点数。结合可以分配的奖金总额,计算每个奖金点数对应的金额,得出每位员工应得到的奖金数额。

为了增强管理人员的权威,可以将员工团体考核结果与管理人员对其的考核结果的加权平均值作为员工最终的考核结果,但需注意,管理人员的考核结果所占的权重不能过大。

6. 图尺度评价法

图尺度评价法（Graphic Rating Scale，GRS），又称为图解式考评法,是最简单和运用最普遍的工作绩效考核方法,因此更加适用于初创公司。

图尺度考评法的优点是简单直观,便于操作,能为每一位员工提供一种定量化的绩效评价结果;缺点是评价标准可能主观性强,缺乏明确界限,不能有效地指导行为,只能给出考核的结果而无法提供解决问题的具体方法。

某初创图书公司属于小微企业,只有6名员工,为了让公司在激烈的竞争中站稳脚跟,进行适合的绩效考核势在必行,最终创始人选择了图尺度评价法。具体做法如下。

（1）制作工作绩效评价表。在一张图表中列举出一系列适合公司的绩效考评要素,如工作执行情况、工作态度、工作能力、解决突发问题的能力、主动学习的意识等,并为每一要素列出几个备选的工作绩效等级,每一项都附带分数（见表10-9）。

表10-9 工作绩效评价表

绩效评价要素	工作绩效等级	得分
工作执行情况 （20分）	优异（20分） 满意（16分） 良好（12分） 合格（8分） 不合格（4分） 极差（0分）	

续表

绩效评价要素		工作绩效等级	得分
工作能力（50分）	工作改善能力	优秀（10分） 良好（6分） 合格（3分） 不合格（0分）	
	业务开发能力	优秀（10分） 良好（6分） 合格（3分） 不合格（0分）	
	沟通表达能力	优秀（10分） 良好（6分） 合格（3分） 不合格（0分）	
	知识储备能力	优秀（10分） 良好（6分） 合格（3分） 不合格（0分）	
	突发事件解决能力	优秀（10分） 良好（6分） 合格（3分） 不合格（0分）	
工作态度（30分）	勤勉度	优秀（6分） 良好（4分） 合格（2分） 不合格（0分）	
	负责度	优秀（6分） 良好（4分） 合格（2分） 不合格（0分）	
	合作度	优秀（6分） 良好（4分） 合格（2分） 不合格（0分）	
	服从度	优秀（6分） 良好（4分） 合格（2分） 不合格（0分）	
	适应度	优秀（6分） 良好（4分） 合格（2分） 不合格（0分）	

（2）确定要素分数。公司主管考核的人员从每一个评价要素的备选等级中分别选出最能够反映被考核员工实际工作绩效的等级，并按照相应的等级确定其各个要素所得的分数。

（3）得到考核结果。将所得到的所有分值进行汇总，即得到每名员工最终的工作绩效评价结果。

运用图尺度评价法时，由于工作绩效评价表中的分数未给出明确的评分标准，因此，主管考核的人员要避免凭借主观判断进行考核，以防员工得不到准确的评价结果。

总结而言，以上四种考核方法都是非常有效的绩效考核方法，尤其适用于需要关注员工行为表现的服务行业。通过设定明确的考核标准和评分标准，四种考核方法都能帮助公司更准确地评估员工在工作中的表现，并为员工提供有针对性的反馈和改进建议。在初创公司中，运用合适的考核方法作为重要的管理工具，可以帮助公司建立高效的团队，并提升整体绩效水平。

➢ 激励机制：让员工主动、自发地工作

初创公司通常面临着资金紧张、资源有限、市场压力大等多重挑战。在这种情况下，构建一个合理的激励机制，对于吸引和留住优秀人才、激发员工的工作热情和创造力，进而推动公司快速发展的作用尤为明显。

不可否认，合理的激励机制不仅能够为优秀人才提供良好的职业发展机会和物质回报，也能使公司吸引并留住人才；再通过设定明确的奖励机制，员工就能够明确自己的工作目标，并为之付出努力。当员工达到目标时，他们能够获得相应的奖励，从而增强工作动力。

因此，为了将激励机制设置到位，达到预期效果，公司在构建初创公司激励机制时，需要考虑以下几个方面的策略。

（1）明确奖励标准。公司需要设定明确的奖励标准，包括奖励的种类、金额、条件等，以确保员工能够清楚地了解自己应如何获得奖励与能获得多少奖励。

（2）结合公司战略目标。公司需要根据自身的业务特点和市场环境，设定合理的业绩指标和奖励标准，以确保员工的行为与公司的发展目标保持一致。

（3）多元化奖励方式。除了传统的物质奖励外，公司还可以考虑提供非物质奖励，如晋升机会、培训机会、员工股权等。这些奖励方式能够满足员工的不同需求，并增强激励效果。

（4）公平公正原则。公司需要确保奖励机制的公正性和透明度，避免出现偏袒和歧视现象。同时，公司还需要建立完善的反馈机制，以便及时调整奖励标准和方式。

当初创公司根据激励策略建立起完善的激励机制后，是不能够确保员工愿意在公司长久地发展并为公司创造价值的。还需要建立有效的人才留存机制，才能彻底锁住合适的人才。具体做法可以参考以下四点。

（1）提供良好的工作环境与福利待遇。初创公司需要为员工提供一个良好的工作环境和具有竞争力的福利待遇，包括提供舒适的工作空间、完善的办公设备、合理的薪酬制度以及丰富的福利待遇，如健康保险、年度旅游、节日礼物等。

（2）营造良好的工作氛围。初创公司的激励机制不仅要关注个人奖励，还应注重团队合作和企业文化建设。通过强化团队合作和营造积极向上的工作氛围，可以提高员工的工作满意度和忠诚度。

（3）关注员工的职业发展与成长。初创公司应该关注员工的职业发展与成长，要为他们提供充分的培训和发展机会。通过内部培训、外部培训、轮岗制度等方式，可以帮助员工提升专业技能和综合素质，让员工在实现个人价值的同时为公司的发展贡献力量。

（4）建立良好的沟通机制与企业文化。初创公司应建立良好的沟通机制和企业文化，要让员工感受到公司的关怀和支持。通过定期的团队会议、员工座谈会、团建活动等方式，加强员工之间的沟通与协作，营造积极向上的工作氛围。同时，注重企业文化的塑造和传承，让员工认同公司的价值观和发展理念。

某网络公司是一家成立于 1999 年的非上市民营企业。为了实现公司长期战略规划，该公司决定自 2000 年开始实施股票增值权计划。该计划面向公司高层管理人员和核心骨干人员，通过授予他们股票增值权来激励他们为公司的发展作出贡献。

具体来说，该计划按照每股净资产的增长值来确定行权价格，并设定了总股本的 10% 作为授予额度。通过该计划，该公司成功吸引了更多更全面的优秀人才加入公司，并激发了员工的工作热情和创造力。同时，该计划也有效地将公司的战略目标与员工的个人发展目标紧密结合起来，促进了公司的长期发展。

结合相关公司案例的分析可以看出，成功的激励机制能够吸引和留住优秀人才、激发员工的工作热情和创造力、提高公司的凝聚力和竞争力。因此，初创公司需要重视激励机制的构建和实施，以推动公司的快速发展。

▶ 关系管理：高效团队的构建与维护

初创公司要想在激烈的竞争中站稳脚跟求得发展，除了具备创新的产品或服务外，还必须构建一个高效、协作的团队。而高效团队的构建与维护，离不开有效的关系管理。

有效的关系管理能够增进团队成员之间的了解和信任，从而建立起一种紧密的团队关系。当团队成员之间形成了良好的沟通和协作习惯时，就能更好地理解彼此的需求和期望，并共同为团队目标而努力。

有效的关系管理能够促进团队成员之间的信息共享，有助于团队成员及时了解公司的战略方向、市场动态以及客户需求等信息。当团队成员之间形成了有效的沟通渠道时，能更加快速地分享信息、交流想法，从而提高决策效率。

在团队合作的过程中，冲突和摩擦是难以避免的。通过有效的关系管理，初创公司可以减少这些冲突和摩擦对团队的影响。关系管理能够帮助团队成员更好地理解彼此的观点和需求，找到共同点并寻求解决方案。此外，当团队成员之间建立了良好的信任和尊重关系时，也能更加宽容地看待彼此的不足和错误，从而减少争执和摩擦。

随着市场环境和客户需求的变化，初创公司需要不断地调整自己的战略和业务模式。在这个过程中，团队的适应性和创新能力就显得尤为重要。通过有效的关系管理，初创公司可以培养团队成员的开放心态和合作精神，使他们更加愿意尝试新的想法和方法。当团队成员之间建立了开放、包容的合作关系时，就能更加灵活地应对各种挑战和变化，推动公司不断创新和发展。

可以说，团队的关系管理对于公司的稳定与发展有极大的促进作用。那么，初创公司应如何实施关系管理呢？具体方法如下。

（1）明确团队目标和价值观。在初创公司中，明确团队目标和价值观是实施关系管理的前提。只有当团队成员都清楚公司的战略方向和目标时，才能更加一致地行动并为之努力。此外，明确团队价值观也有助于团队成员形成共同的行为准则和价值观念，从而促进彼此之间的信任和尊重。

（2）建立有效的沟通机制。初创公司需要建立有效的沟通机制来确保团队成员之间的信息畅通无阻，包括定期召开团队会议、建立内部沟通平台等。通过有效的沟通机制，团队成员可以及时了解公司的战略方向、市场动态以及客户需求等信息，并分享自己的想法和意见。同时，有效的沟通还能帮助团队成员及时发现并解决潜在的问题和冲突。

（3）培养团队合作精神。初创公司需要通过各种方式来培养团队合作精神。例如，可以组织一些团队活动来增进团队成员之间的了解和信任；可以设立一些团队奖励来激励团队成员共同为团队目标而努力；还可以鼓励团队成员之间互相帮助和支持，形成良好的工作氛围。

（4）关注员工个人成长和发展。初创公司需要关注员工的个人需求和期望，并为他们提供必要的培训和发展机会。通过关注员工的个人成长和发展，公司不仅能够提高员工的工作能力和素质，还能够增强员工的归属感和忠诚度，有助于建立稳定的团队关系，并促进团队的长远发展。

Airbnb是一家全球知名的在线短租平台公司。在团队关系管理方面，Airbnb非常注重员工的参与感和归属感。公司鼓励员工提出自己的想法和建议，并通过内部会议和社交媒体等方式让员工参与到公司的决策和讨论中来。此外，Airbnb还为员工提供了丰富的培训和发展机会，以帮助员工不断提升自己的能力和素质。这些做法使得Airbnb的团队关系非常紧密和融洽，从而为公司的发展提供了强大的支持。

Slack是一家专注于团队协作和沟通的公司。在团队关系管理方面，Slack非常注重员工的自主性和创新性。公司鼓励员工自由表达自己的观点和想法，并通过各种方式来激发员工的创造力和创新精神。此外，Slack还建立了开放、包容的团队文化，让员工能够在轻松、愉悦的氛围中工作。这些做法使得Slack的团队非常具有活力和创新精神，并以此为公司的发展提供了源源不断的动力。

对于初创公司而言，关系管理对于构建与维护高效团队具有至关重要的作用。通过明确团队目标和价值观、建立有效的沟通机制、培养团队合作精神以及关注员工个人成长和发展等方式，初创公司可以实施有效的关系管理策略，并促进团队的高效运转和长期发展。同时，初创公司还可以借鉴其他成功企业的经验和做法，并结合自身实际情况进行调整和改进，以更好地适应市场需求和应对挑战。

第十一章　财税管理：公司步入正轨的重要特征

▶ 了解财务术语

在初创公司中，创始人往往扮演着多重角色，其中之一便是财务管理者。尽管大多数初创期的创始人可能并非财务出身，但掌握一定的财务知识，特别是理解关键财务术语，对于制定战略决策、评估公司健康状况，以及与投资者和合作伙伴有效沟通至关重要。本节旨在为初创公司创始人梳理一系列必修的财务术语，并逐一进行详细解释，帮助他们在创业道路上更加稳健前行。

1.基础财务报表与要素

（1）资产负债表：反映公司在某一特定日期（如月末、季末、年末）的财务状况的报表，展示了公司的资产、负债和所有者权益三大要素。

关键术语：①资产：公司拥有或控制的具有经济价值的资源，包括流动资产（如现金、应收账款、存货）和长期资产（如固定资产、无形资产）；②负债：公司过去的交易或事项形成的、预期会导致经济利益流出企业的现时义务，分为流动负债（如应付账款、短期借款）和长期负债（如长期借款、应付债券）；③所有者权益：公司资产扣除负债后由所有者应享的剩余权益，即股东权益，包括实收资本（股本）、资本公积、盈余公积和未分配利润等。

（2）利润表：反映公司在一定会计期间（如月度、季度、年度）内经营成果的报表，展示了公司的收入、费用和利润情况。

关键术语：①收入：公司在日常活动中形成的、会使所有者权益增加的、与所有者投入资本无关的经济利益的总流入；②费用：公司在日常活动中发生的、会导致所有者权益减少的、与所有者分配利润无关的经济利益的总流出，包括营业成本、税金及附加、销售费用、管理费用、财务费用等；③净利润：公司在一定会计期间内的收入减去费用后的净额，反映企业的最终经营成果。

（3）现金流量表：反映公司在一定会计期间内现金及现金等价物流入和流出的报表，揭示了公司现金的来源和运用情况。

关键术语：①经营活动产生的现金流量：公司通过主营业务活动产生的现金流量，如销售商品、提供劳务收到的现金，以及购买商品、接受劳务支付的现金等；②投资活动产生的现金流量：公司长期资产的购建和处置等非经营性活动产生的现金流量，如购建固定资产、无形资产和其他长期资产支付的现金，以及处置这些资产收到的现金等；③筹资活动产生的现金流量：公司因筹资活动（如发行股票、债券或借款）而引起的现金流量变化，如吸收投资收到的现金、偿还债务支付的现金等。

2. 重要财务指标

（1）毛利率：销售收入与销售成本之差与销售收入的百分比，反映公司产品或服务的盈利能力。

公式：毛利率＝（销售收入－销售成本）÷销售收入×100%

（2）净利率：净利润与销售收入的比率，衡量公司每单位销售收入带来的净利润。

公式：净利率＝净利润÷销售收入×100%

（3）净资产收益率（ROE）：净利润与平均股东权益的比率，反映股东投资的回报水平。

公式：ROE ＝净利润 ÷ 平均股东权益 ×100%

（4）流动比率：流动资产与流动负债的比率，衡量公司短期债务的偿还能力。

公式：流动比率＝流动资产 ÷ 流动负债

（5）速动比率：速动资产（流动资产减去存货等不易迅速变现的资产）与流动负债的比率，进一步评估公司的短期偿债能力。

公式：速动比率＝（流动资产－存货）÷ 流动负债

（6）应收账款周转率：销售收入与平均应收账款余额的比率，反映公司应收账款的回收速度和效率。

公式：应收账款周转率＝销售收入 ÷ 平均应收账款余额

（7）存货周转率：营业成本与平均存货余额的比率，衡量公司存货的周转速度和运营效率。

公式：存货周转率＝营业成本 ÷ 平均存货余额

（8）总资产周转率：销售收入与平均总资产的比率，反映公司总资产的使用效率。

公式：总资产周转率＝销售收入 ÷ 平均总资产

（9）负债比率：总负债与总资产的比率，衡量公司资产中有多大比例是通过负债融资获得的。

公式：负债比率＝总负债 ÷ 总资产 ×100%

（10）权益乘数：总资产与股东权益的比率，反映公司总资产是股东权益的多少倍，体现了公司的财务杠杆程度。

公式：权益乘数＝总资产 ÷ 股东权益

3. 融资与资本相关术语

（1）股权融资：公司通过发行股票或出售股权来获取资金的方式，投资者成为公司的股东，享有公司未来的收益和增值。

（2）债权融资：公司通过借款或发行债券等方式获取资金，需按期支付利息并偿还本金。

（3）风险投资（Venture Capital，VC）：专业投资者（如风险投资公司、天使投资人）对初创或成长期的高风险、高潜力企业进行投资，以换取公司股权的方式参与企业发展。

（4）估值：评估公司价值的过程，通常运用多种方法如DCF（现金流折现法）、相对估值法（如市盈率、市销率）等。

（5）稀释：在股权融资过程中，新股东的加入会导致现有股东的持股比例下降，即股权被稀释。

（6）退出机制：投资者投资于初创公司后，为了实现资本增值并回收投资，通常会规划一个明确的退出路径，如IPO（首次公开募股）、并购（M&A）等。

4. 其他重要的财务概念

（1）成本控制：公司通过制定成本预算、实施成本监控和成本分析等手段，将成本控制在预定范围内的管理活动。

（2）预算管理：公司为实现其经营目标，对一定时期内的收入和支出进行预测和规划，并通过比较实际执行结果与预算的差异来评估和调整经营活动的过程。

（3）财务分析：运用财务报表和其他相关信息，对公司的财务状况、经营成果和现金流量进行分析和评价，为公司的管理和决策提供依据。

（4）税务筹划：在合法合规的前提下，通过合理安排公司的经营活动和投资活动，以达到减轻税负、提高经济效益的目的。

（5）现金流管理：对公司现金流入与流出的时间、金额与方式进行预测、计划和控制，以确保公司有足够的现金流支持日常运营和未来发展。

综上所述，初创公司创始人了解并掌握这些财务术语及其背后的含义，不仅能够提升个人的财务管理能力，还能在复杂的商业环境中做出更加明智的决策，带领公司在激烈的市场竞争中开拓出一条自己的道路。

▶ 看懂财务报表

财务报表是公司经营状况的直接反映，提供了关于企业收入、支出、资产和负债的详细信息。创始人通过财务报表，可以全面了解公司的运营状况和财务状况，从而做出更加精准的决策。

财务报表是评估公司绩效和盈利能力的重要依据。创始人通过分析财务报表中的各项指标，如毛利率、净利率、总资产周转率等，可以清晰地了解公司的盈利能力和运营效率，为公司的未来发展制定合理的战略规划。

财务报表有助于创始人识别潜在的风险和问题。例如，通过对比不同时期的财务报表，可以发现收入或利润的异常波动，进而深入探究背后的原因，及时采取措施防范风险。

财务报表也是与外部投资者、合作伙伴等沟通的重要工具。创始人只有深入理解财务报表，才能更好地向他们展示公司的实力和潜力，增强他们对公司的信心，获得他们进一步的支持。

与公司经营相关的财务报表有很多，对非科班出身的公司创始人而言，对它们全都了解也是不现实的。创始人只需要了解必须掌握的部分，尤其是与公司经营密切相关的资产负债表、利润表和现金流量表。

1. 资产负债表

资产负债表是反映公司在某一特定日期的资产、负债及其所有者权益规模和构成等财务状况的会计报表。

资产负债表传递出来的直接信息是公司的现金有多少、应收账款有多少、库存有多少、被占用的营运资金有多少、固定资产投资有多少，可以反映公司的短期负债是否过高，公司是否债台高筑。因此，资产负债表是公司的"底子"，查看资产负债表可以了解公司的规模、资产分布情况及所欠的债务（见表11-1）。

表11-1 资产负债表

编制单位：×××公司　　　　时间：2024年7月10日　　　　金额单位：万元

资产	年初数	期末数	负债及所有者权益/股东权益	年初数	期末数
流动资产：			流动负债：		
货币资金			短期借款		
交易性金融资产			交易性金融负债		
应收账款			应付账款		
应收票据			应付票据		
应收股利			应付股利		
应收利息			应付利息		
预付款项			预收款项		
其他应收账款			应交税费		
存货			应付薪酬		
其他流动资产			其他应付款		
流动资产合计			其他流动负债		
			流动负债合计		
非流动资产：			非流动负债：		
可供出售金融资产			长期借款		
持有至到期投资			应付债券		
长期应收款			长期应付款		
长期股权投资			递延所得税负债		
投资性房地产			其他非流动负债		

续表

资产	年初数	期末数	负债及所有者权益/股东权益	年初数	期末数
固定资产			非流动负债合计		
在建工程			负债总计		
长期待摊费用			所有者权益/股东权益：		
无形资产			实收资本/实收股本		
递延所得税资产			资本公积		
其他非流动资产			盈余公积		
非流动资产合计			未分配利润		
资产总计			所有者权益/股东权益合计		
			负债和所有者权益/股东权益总计		

资产负债表可以为创始人判断公司经营和财务状况提供三项帮助：①某一日期资产的总额及其结构，表明公司拥有或控制的资源及其分布情况；②某一日期负债的总额及其结构，表明公司未来需要用多少资产或劳务清偿债务，以及清偿债务的时长；③某一日期权益所有者的权益，表明所有者在公司资产中享有的经济利益。

2. 利润表

利润表又称为经营损益表，是反映公司在一定会计期间的经营成果的会计报表。

利润表既揭示了公司的收入、成本、费用、税收的情况，也揭示了公司利润的构成和实现过程，是公司内外部相关利益者了解公司经营业绩的主要窗口（见表11-2）。

表11-2 利润表

所属时期： 年 月 日至 年 月 日

填表日期：2024年7月10日　　　　　金额单位：元（列至角分）

项目	本期金额	上期金额
一、营业收入		
减：营业成本		
营业税金及附加		
销售费用		

续表

项目	本期金额	上期金额
管理费用		
研发费用		
财务费用		
其中：利息费用		
资产减值损失		
加：公允价值变动收益（损失以"–"号填列）		
投资收益（损失以"–"号填列）		
其中：对联营企业和合营企业的投资收益		
二、营业利润（损失以"–"号填列）		
加：营业外收入		
减：营业外支出		
其中：非流动资产处置损失		
三、利润总额（损失以"–"号填列）		
减：所得税费用		
四、净利润（损失以"–"号填列）		
（一）持续经营净利润		
（二）终止经营净利润		
五、其他综合收益的税后净额		
（一）不能重分类进损益的其他综合收益		
1．重新计量设定受益计划变动额		
2．权益法下不能转损益的其他综合收益		
（二）将重分类进损益的其他综合收益		
1．权益法下可转损益的其他综合收益		
2．可供出售金融资产公允价值变动损益		
3．持有至到期投资重分类为可供出售金融资产损益		
4．现金流量套期损益的有效部分		
5．外币财务报表折算差额		
六、综合收益总额		
七、每股收益：		
（一）基本每股收益		
（二）稀释每股收益		

利润表可以为创始人判断公司经营和财务状况提供四项帮助：①一定期间公司的利润构成，表明公司从经营活动和非经营活动中分别取得了多少利润，用以判断公司盈利能力的持续性；②一定期间公司收入与成本的信息，通过将收入与成本相匹配，计算公司的毛利率，用以判断公司的利润空间；③从管理费用、财务费用和销售费用三项期间费用的趋势变化和比例，来判断公司的管理水平；④从净利润反映出公司生产经营活动的成果，从每股收益判断公司资本的保值、增值情况。

3. 现金流量表

现金流量表是反映公司在一定会计期间的现金和现金等价物流入和流出的会计报表。

现金流是公司在一定会计期间按照现金收付实现制，通过一定的经济活动（包括经营活动、投资活动、筹资活动和非经营性项目）而产生的现金流入、现金流出及其总量情况的总称。通俗的解释就是，公司在一定时期的现金和现金等价物的流入与流出的数量（见表11-3）。

表11-3　现金流量表

编制单位：×××公司　　　　时间：2024年7月10日　　　　金额单位：元

项目	本年金额	本月金额
一、经营活动产生的现金流量：		
销售商品、提供劳务收到的现金		
收到的税费返还		
收到其他与经营活动有关的现金		
经营活动现金流入小计		
购买商品、接受劳务支付的现金		
支付给员工及为员工支付的现金		
支付的各项税费		
支付其他与经营活动有关的现金		
经营活动现金流出小计		
经营活动产生的现金流量净额		

续表

项目	本年金额	本月金额
二、投资活动产生的现金流量：		
收回投资所收到的现金		
取得投资收益收到的现金		
处置固定资产、无形资产及其他长期资产收回的现金净额		
收到其他与投资活动有关的现金		
投资活动现金流入小计		
投资支付的现金		
购建固定资产、无形资产及其他长期资产支付的现金		
取得子公司及其他经营单位支付的现金净额		
支付的其他与投资活动有关的现金		
投资活动现金流出小计		
投资活动产生的现金流量净额		
三、筹资融资活动产生的现金流量：		
吸收投资收到的现金		
取得借款收到的现金		
收到其他与筹资融资活动有关的现金		
筹资融资活动现金流入小计		
偿还借款本金支付的现金		
偿还借款利息支付的现金		
分配利润、股利支付的现金		
支付其他与筹资融资活动有关的现金		
筹资融资活动现金流出小计		
筹资融资活动产生的现金流量净额		
四、汇率变动对现金及现金等价物的影响		
五、现金及现金等价物净增加额：		
加：期初现金及现金等价物余额		
减：期末现金及现金等价物余额		

现金流量表可为企业管理者判断企业经营和财务状况提供四项帮助：①了解企业获取现金和现金等价物的能力（企业的主体现金是经营活动产生的，还是向债权人借入的，或是投资者投入的），并据此预测企业未来

的现金流量；②评价企业的支付能力、偿债能力和周转能力；③分析企业收益质量及影响现金流量的因素；④掌握企业经营活动、投资活动和筹资活动的现金流量，进而了解净利润的质量。

总而言之，看懂财务报表，不仅能够让创始人更深刻地理解公司财务状况，有效监控经营成果，还能精准预测资金流动，优化成本控制。同时，财务报表助力评估投资回报，建立风险预警机制，为战略决策提供坚实依据。

➤ 熟悉记账方法

记账是通过系统化地记录公司的经济交易活动，反映公司真实的财务状况和经营成果。初创公司创始人通过记账，可以清晰地了解公司的收入、支出、利润以及资产和负债情况，为制定经营策略提供准确的数据支持。同时，在记账的过程中也能通过对各项费用的记录和分析，识别出不必要的开支和浪费，从而采取措施降低成本，提升公司的盈利能力。

除此之外，记账还能帮助公司预测未来的资金流动情况，包括收入预测、支出预算以及现金流管理等。创始人可以提前规划资金使用，确保公司有足够的现金流来应对突发事件和市场变化，从而规避财务风险。

随着公司的发展，融资和税务问题将不可避免地摆在创始人面前。熟悉记账方法，有助于创始人准备规范的财务报表，为投资者和税务部门提供准确的信息，提高融资效率和税务合规性。

1. 记账基础概念

记账的基础是会计要素，主要包括资产、负债、所有者权益、收入、费用和利润六大类。这些要素构成了公司财务报表的基本框架，反映了公司的财务状况和经营成果。

会计等式是记账的基本原理,即"资产=负债+所有者权益"。这一等式揭示了公司资产、负债和所有者权益之间的内在关系,是编制财务报表的基石。

会计科目是对会计要素的具体分类,用于在账簿中设置账户进行核算。每个会计科目都对应着一个账户,通过账户的增减变动来记录公司的经济交易活动。

2. 常用记账方法

(1) 单式记账法。其主要记录现金、银行存款等科目的收付情况,不涉及账户的对应关系和平衡。虽然操作简便,但由于无法全面反映公司的财务状况和经营成果,因此一般不适用于初创公司的长期财务管理。

(2) 复式记账法。其要求每一笔经济交易活动都要在两个或两个以上的账户中以相等的金额进行登记,以反映账户之间的对应关系。复式记账法能够全面、系统地反映公司的财务状况和经营成果,是初创公司财务管理的首选方法。

对于初创公司而言,由于资源和经验的限制,创始人可能难以独立承担复杂的记账工作。因此,建议初创公司聘请专业的财务人员或财务顾问,协助完成记账和财务管理工作。

随着信息化技术的发展,财务软件已成为企业记账的重要工具。初创公司也可以选择适合自身需求的财务软件,来实现记账的自动化和智能化,提高工作效率和准确性。

为确保记账的准确性和合规性,初创公司还应定期进行财务审计和自查,以便发现潜在的问题和风险,及时采取措施进行整改和纠正。

由此可见,记账不仅是对数据的记录和汇总,更是公司战略决策的重要依据。通过详细的记账分析,创始人可以深入了解市场需求、成本结构、盈利能力等关键信息，为制定适应市场变化的战略决策提供数据支撑。

例如，当创始人发现某类产品或某项服务的利润率较低时，可以通过记账数据进一步分析成本构成，识别出降低成本的可能性，从而优化产品定价或调整生产流程。又如，在决定拓展新市场或开发新产品时，记账数据可以帮助评估投资回报率，确保公司的资源得到有效配置，避免盲目扩张导致的财务风险。

总之，记账是初创公司财务管理的基石，通过记账，创始人可以全面了解公司的财务状况和经营成果，为制定经营策略、控制成本、预测资金流动等提供有力的支持。同时，记账也是公司合规经营、吸引投资、提升市场竞争力的关键环节。因此，初创公司创始人应将记账视为一项必修技能，不断学习与实践。在未来的创业道路上，愿每一位创始人都能掌握记账的精髓，引领公司稳健前行。

➤ 掌握税务登记流程

税务登记是公司取得纳税人身份、享受税收优惠政策、履行纳税义务的前提条件。只有完成税务登记，公司才能合法开具发票、申报纳税，确保经营活动的合法性和规范性。

税务登记后，公司将获得税务登记证或相关电子证照，这是公司参与市场竞争、申请银行贷款、参与政府采购等经济活动的重要凭证。同时，税务部门也会为公司提供纳税咨询、政策解读等服务，帮助公司合理降低税负。

未及时办理税务登记的公司将面临税务处罚甚至被纳入"非正常户"，严重影响公司的信誉和正常运营。掌握税务登记流程，及时办理相关手续，是初创公司规避法律风险、保障持续发展的重要举措。

根据公司的不同性质和经营范围，税务登记可以分为多种类型，如企业税务登记、个体工商户税务登记、临时税务登记等。初创公司创始人应根据公司实际情况选择适合的税务登记类型。

税务登记所需材料因地区和行业而异，但一般包括以下基本内容：①公司法人营业执照原件及复印件；②组织机构代码证原件及复印件（部分地区已实现"三证合一"，无须单独提供）；③公司法定代表人身份证原件及复印件；④银行开户许可证原件及复印件；⑤公司章程及股东会决议等相关文件；⑥经营场所租赁合同或产权证明原件及复印件；⑦税务部门要求提供的其他材料。

准备好相关材料后，初创公司创始人需前往当地税务局或通过网上办税服务厅提交税务登记申请。在提交申请时，应仔细核对材料是否齐全、准确，确保无误。

税务局在收到申请后，将对提交的材料进行审核。审核通过后，将颁发税务登记证（或相关电子证照）给企业。初创公司创始人需妥善保管税务登记证，并在后续经营活动中妥善使用。

完成税务登记后，初创公司应尽快前往银行开设基本存款账户，并与税务部门签订扣税协议。这样，公司可以通过银行账户自动扣缴税款，减少人工操作成本和风险。

初创公司在完成税务登记后，应向税务部门申领发票。在申领发票时，应了解发票的种类、规格和使用范围等要求，以确保发票的合规使用。

初创公司创始人应熟悉企业所适用的税种和税率，掌握申报纳税的具体流程和时限要求，确保按时足额缴纳税款。

税务检查是税务部门对纳税人遵守税法情况进行监督检查的一种形式。初创公司应积极配合税务部门的检查工作，提供真实、完整的财务和税务资料，确保检查的顺利进行。

对于初创公司创始人而言，税务登记不仅仅是完成一项手续，更是建立公司财务管理体系、提升税务管理能力的重要起点。在完成税务登记后，初创公司创始人就可以考虑在遵守税法的前提下通过合理安排公司经营活动和财务活动进行税务筹划，达到降低税负、提高资金使用效率的目的。

初创公司可以通过了解并利用各类税收优惠政策（如小微企业税收优惠、研发费用加计扣除等）来减轻税负。同时，合理规划企业的资本结构、业务模式以及供应链等，也能在一定程度上优化税务结构、降低税务成本。合理的税务筹划可以为企业节省大量税费支出，增加企业利润，但需注意避免过度筹划导致的税务风险。

最后，还要强调一点，初创公司创始人应树立极强的税务合规意识，确保公司的所有经营活动都在税法允许的范围内进行，包括准确核算收入、成本和利润，如实申报纳税，妥善保管涉税凭证和资料等。

为加强税务合规管理，初创公司可以建立专门的税务管理部门或岗位，负责税务筹划、申报、缴纳及税务风险管理等工作。同时，加强与税务部门的沟通和联系，及时了解最新的税收政策动态和执法要求，确保企业税务管理的合法性和规范性。

总之，税务登记是初创公司走向正规化、合法化经营的重要一步。掌握税务登记流程并重视税务管理，对于初创公司的长远发展具有重要意义。

▶ 通晓公司缴税类别

税务是公司运营中不可或缺的一环，直接关系公司的成本、利润、合规性以及未来的发展潜力。因此，对于初创公司创始人而言，通晓公司交税类别是必修课。本节从公司交税的基本概念出发，详细解析初创公司可能涉及的各类税种，并提供相应的管理建议，助力创业者更好地把握税务管理。

公司交税，顾名思义，是指公司按照国家税法规定，对其生产经营所得及其他合法收入向国家缴纳税款的行为。税收是国家财政收入的主要来源，也是国家宏观调控经济的重要手段。初创公司了解和遵守税法规定，合理缴纳税款，不仅是履行公民义务和企业社会责任的体现，更是保障企业合法经营、规避税务风险、提升公司形象的关键。

初创公司经常涉及的交税类别大致包含以下几种。

（1）增值税。增值税也叫流转税，是以商品和服务在流转过程中产生的增值额作为计税依据而征收的一种税。对于初创公司而言，如果其提供的是应税劳务、销售货物或进口货物等，均需要缴纳增值税。初创公司应关注增值税的税率、抵扣政策以及纳税申报流程，以确保合规操作，降低税负。

（2）企业所得税。企业所得税是对我国境内的公司和其他取得收入的组织生产经营所得和其他所得征收的一种税。初创公司在取得利润后，需按照税法规定计算并缴纳企业所得税。企业所得税的计算涉及收入、成本、费用等多个方面，初创公司应建立健全会计核算制度，准确核算应纳税所得额，避免税务风险。

（3）个人所得税。虽然个人所得税主要是针对个人所得征收的一种税，但初创公司创始人及员工取得的工资、薪金所得、劳务报酬所得等仍需缴纳个人所得税。此外，对于初创公司向股东分配的股息、红利等权益性投资收益，股东也需缴纳个人所得税。初创公司应关注个人所得税的相关政策，合理规划薪酬结构，降低税负。

（4）印花税。印花税是对经济活动和经济交往中订立、领受具有法律效力的凭证的行为所征收的一种税。初创公司在签订购销合同、借款合同、租赁合同等经济合同时，均需缴纳印花税。虽然印花税金额相对较小，但初创公司仍需注意及时缴纳，避免产生滞纳金等不必要的费用。

（5）土地使用税和房产税。如果初创公司拥有自己的办公场所或生产厂房，那么还需关注土地使用税和房产税的缴纳情况。土地使用税是对使用国有土地的单位和个人征收的税种，而房产税则是对城市、县城、建制镇和工矿区范围内的房屋产权所有人所征收的一种税。初创公司应根据实际情况，合理规划土地使用和房产购置，降低相关税费的支出。

初创公司创始人应加强对税法的学习和理解，及时掌握最新的税收政策动态和执法要求。初始公司创始人可以通过参加税务培训、咨询税务专家等方式，提升自身税务管理能力。

初创公司应建立健全税务管理制度，明确税务管理流程、职责分工和风险控制措施。通过制度化、规范化的管理，确保税务工作的有序开展和合规操作。

在遵守税法规定的前提下，初创公司可以通过合理的税务筹划来降低税负。例如，运用税收优惠政策、优化企业组织架构、合理安排资金流动等方式，实现税务成本的最小化，但需注意避免过度筹划导致的税务风险。

初创公司应加强与税务部门的沟通和联系，争取做到第一时间了解最新的税收政策信息和税收执法要求。在遇到税务问题时，应积极寻求税务部门的帮助和指导，确保税务处理的准确性和合规性。

对于税务管理较为复杂的初创公司而言，可以考虑引入第三方专业的税务顾问团队。税务顾问团队拥有丰富的税务知识和实践经验，能够为公司提供全方位的税务咨询和服务，帮助公司降低税务风险，提升税务管理水平。

总之，通晓公司缴税类别并加强税务管理对于初创公司的稳健发展具有重要意义。初创公司创始人必须树立正确的税务观念，加强税法学习和理解，建立健全的税务管理制度和流程，合理进行税务筹划，并加强与税务部门的沟通与合作。

▶ 明白公司报税流程

初创公司创始人从产品设计到市场推广、从团队建设到财务管理，每一步都需亲力亲为。而在这一系列烦琐的任务中，理解并掌握公司的报税流程显得尤为重要。正确的报税不仅关乎企业的合法合规经营，还直接影响企业的资金流动和长期发展。本节旨在为初创公司创始人详细解析公司报税流程，从而帮助创业者更好地掌握这一关键技能。

首先，我们需要明确报税的重要性。报税是国家税收制度的重要组成部分，是公司履行社会责任、支持国家发展的重要方式。及时、准确地报税不仅能避免因税务问题带来的法律风险，还能树立起公司的良好形象。此外，合理的税务规划还能帮助公司优化成本结构，提高资金使用效率，为公司的持续发展提供有力支持。

在深入探讨报税流程之前，我们还需要先了解一些基本的报税概念，其包括但不限于税种（如增值税、企业所得税、个人所得税等）、税率、纳税期限、纳税申报表等。初创公司创始人应根据公司实际经营情况，确定需要缴纳的税种和税率，并了解相应的纳税期限和申报要求。

税务登记是公司报税的第一步。初创公司需在领取营业执照后30日内向所在地税务机关申请办理税务登记，获取税务登记证。同时，还需根据业务需求办理相关的税务备案手续，如增值税一般纳税人资格认定、出口退税备案等。完成税务登记和备案后，公司方能正式开展税务申报和缴纳工作。

税务登记完成后，接下来便是准备准确、完整的财务资料，这是报税的基础。初创公司创始人应确保公司建立健全财务管理制度，定期收集和整理会计凭证、账簿、财务报表等财务资料。这些资料将作为报税的重要依据，帮助公司准确计算应纳税额。

准备好财务资料后，就要根据公司的经营特点和业务需求选择合适的纳税方式。初创公司常见的纳税方式包括查账征收和核定征收。其中查账征收是根据公司的实际经营情况和财务报表来计算应纳税额；核定征收是税务机关根据行业标准和公司的实际情况来核定应纳税额。初创公司创始人应根据自身情况选择合适的纳税方式，并确保在纳税申报时如实申报。

在选择好纳税方式后，初创公司创始人需要按照税务机关的要求编制纳税申报表。纳税申报表是公司向税务机关报告纳税情况的重要文书，应确保填写准确无误。对于不同的税种和纳税期限，需分别编制相应的纳税申报表。

完成纳税申报表的编制后，初创公司创始人需要按照规定的纳税期限将申报表提交给税务机关。目前，大部分地区的税务机关都提供了网上申报服务，初创公司可以通过电子税务局等渠道进行在线申报。在提交纳税申报表时，还需缴纳相应的税款。

税务机关有权对纳税人的纳税情况进行检查和稽查。初创公司创始人应积极配合税务机关的工作，如实提供相关资料和信息。对于税务机关提出的问题和意见，应及时整改和完善，确保公司的税务管理符合法律法规的要求。

在掌握报税流程的基础上，初创公司创始人还应关注税务风险管理。税务风险管理是通过识别和评估税务风险，制定相应的风险控制措施，以防范和化解税务风险。初创公司创始人应根据公司的实际情况和经营需求，制订科学的税务筹划方案，建立税务风险管理机制。

第十二章 风险管控：避开不必要的弯路

▶ 有些概率是创业者无法挑战的

在创业的道路上，每一步都充满了未知与不确定性。尽管我们可以进行市场调研、制订详细的商业计划、招募顶尖的团队，但总有一些风险是无法预测和完全规避的。这些风险，我们称之为"无法挑战的概率"。本节将探讨这些无法挑战的概率，并通过具体的公司案例来进行分析。

1. 市场变化的不可预测性

市场是创业者必须面对的第一个挑战。市场的变化往往受到多种因素的影响，包括宏观经济形势、政策调整、消费者需求变化等。这些因素的变化往往是难以预测的，即使最精确的市场分析也只能提供一个大致的趋势。

在过去的几年里，共享单车行业经历了快速的崛起和衰落。在初期，各大企业纷纷涌入市场，通过大量的资金投入和疯狂的补贴来吸引用户。然而，随着市场的饱和与监管政策的收紧，行业迅速进入寒冬期，许多公司纷纷倒闭或裁员。对于创业者来说，这种市场的快速变化是无法预测和完全规避的。

2. 技术发展的不确定性

在科技行业，技术的发展速度往往超出人们的想象。新的技术不断涌现，旧的技术被迅速淘汰。创业者需要时刻关注技术的发展趋势，以便及时调整自己的战略和产品。然而，即使是顶尖的科技专家也无法准确预测未来的技术发展走向。

虚拟现实（VR）技术在过去几年里备受关注，许多公司纷纷投入巨资进行研发和推广。然而，由于技术成熟度不够、用户体验不佳以及应用场景有限等原因，虚拟现实行业并没有迎来预期的爆发式增长。许多公司在投入了大量资源后并未获得预期的回报，甚至陷入了困境。

3. 团队建设的复杂性

一个优秀的团队是创业成功的关键因素之一。然而，团队建设的过程中往往充满了复杂性和挑战。创业者需要找到志同道合的合作伙伴，确保团队成员之间的协作和默契。然而，即使是最完美的团队也可能面临各种问题和挑战，如内部矛盾、人才流失等。

某创业公司曾经拥有一支优秀的团队，团队成员之间的协作和默契度非常高。然而，随着公司规模的扩大和业务的拓展，团队成员之间的矛盾和分歧逐渐加剧。最终，由于无法解决内部矛盾，整个团队宣布解散。这个案例表明，即使是最优秀的团队也可能面临无法预测和无法完全规避的内部挑战。

4. 法律法规的变动风险

法律法规是创业者必须遵守的规则和准则。然而，随着社会的不断发展和变化，法律法规也在不断地调整和变动。这些变动可能会对创业者的生产经营产生重大影响，甚至可能导致创业失败。

在线教育行业在过去几年里发展迅速，吸引了大量的资本和创业者。然而，随着监管政策的变化，该行业也遇到了巨大的挑战。因此，创业者需要时刻关注法律法规的变动情况，以便及时调整自己的经营策略。

综上，虽然有些概率是创业者无法挑战的，但我们仍然可以通过以下方法来应对。

首先，保持敏锐的市场洞察力。创业者需要时刻关注市场的变化和趋势，以便及时调整自己的战略和产品。通过深入了解市场和消费者需求，创业者可以更好地把握市场机会和规避风险。

其次，灵活应对技术发展。在技术发展日新月异的今天，创业者需要保持对新技术的学习和掌握能力。通过不断学习新技术、关注行业趋势和应用场景的变化，创业者可以更好地应对技术发展的不确定性。

再次，加强团队建设。创业者需要注重团队成员之间的协作和默契度，及时发现和解决内部矛盾和问题。创业者通过建立良好的团队文化和激励机制，来提高团队的凝聚力和执行力。

最后，关注法律法规的变化。创业者需要时刻关注法律法规的变动情况，确保自己的经营行为符合法律法规的要求。创业者通过及时了解和掌握相关法规和政策的变化，来降低法律风险并确保公司的合规经营。

▶ 赚到第一桶金后应该注意什么

创业的核心是为了赚钱，如果能快速赚到第一桶金，意味着距离创业成功近了一大步。然而，随着财富的积累，创业者往往会面临各种诱惑和挑战。在本节中，我们将探讨赚到第一桶金后应该注意的几个方面，并对相关的公司案例进行分析，以期给创业者带来一些有益的启示。

1. 避免过度扩张与盲目投资

赚到第一桶金后，许多创业者会面临一个常见的诱惑：过度扩张和盲目投资。因为第一桶金会给人造成一种错觉，认为既然已经取得了一定的成功，就应该乘胜追击，迅速扩大公司规模，以获取更多的市场份额和利润。然而，这种盲目扩张往往伴随着巨大的风险。

某家互联网公司在创业初期凭借一款创新产品迅速获得了市场认可，赚取了第一桶金。然而，随着资金的积累和成功的迫近，该公司开始大规模扩张，不仅投入巨资开发新产品，还通过并购、投资等手段迅速扩大了公司版图。公司的快速扩张导致其资金链紧张，虽然紧急开启了融资，但仍旧未能及时缓解资金链压力，终因无法承受巨大的财务压力而陷入困境。因此，赚到第一桶金后务必保持冷静，避免盲目扩张和投资，确保公司的稳健发展。

2. 警惕过度消费与奢侈生活

赚到第一桶金后，一些创业者可能会陷入过度消费和奢侈生活的陷阱。他们会认为，既然已经赚到了财富，就应该享受生活，购买以前不敢消费的物品。然而，这种过度消费不仅会浪费公司的宝贵资源，还会导致创业者个人价值观的扭曲。

某位创业者在赚到第一桶金后，就过上了奢侈的生活，购买了豪车、豪宅等奢侈品，并频繁在社交媒体上炫耀。然而，这种奢侈生活引起了公众的广泛关注和批评，导致公司的信誉受到严重损害。许多消费者认为这位创业者的行为不符合该公司的价值观和社会责任，从而对公司的产品和服务产生了怀疑，影响到了公司的发展。因此，赚到第一桶金后应该保持清醒，避免过度消费和奢侈生活，注重公司的社会形象和信誉。

3. 预防骄傲自满和故步自封

赚到第一桶金后，一些创业者可能会陷入骄傲自满和故步自封的陷阱，毕竟已经取得了巨大的成功，无须再像之前那样努力了，从而忽略了市场和竞争的变化。然而，这种骄傲自满和故步自封往往会导致公司的发展停滞不前直至最终被市场淘汰。

某初创公司在成功赚取到第一桶金后，凭借其在行业内的领先地位，开始忽略市场的变化和竞争对手的威胁。该公司认为自己的产品和服务已经足够优秀，无须再进行创新和改进。然而，随着科技的发展和消费者需求的变化，该公司的产品和服务很快便失去了竞争力，市场份额急剧下降。由此可见，赚到第一桶金后应该保持谦逊和开放的心态，不断学习和创新，以应对市场和竞争的变化。

4. 防范法律风险与道德陷阱

赚到第一桶金后，创业者往往会面临更多的法律风险和道德陷阱，例如会面临更多的合同纠纷、知识产权侵权等问题，这都将导致公司的社会责任和道德形象受损。因此，创业者应该加强法律意识和道德观念，确保公司合法合规经营。

某初创公司在赚到第一桶金后，由于对相关法律法规的不了解或故意忽视，开始涉及一些敏感领域的经营活动，导致违法经营，引发了一系列法律纠纷。这些法律纠纷不仅给公司带来了巨大的经济损失，还严重损害了公司的声誉和信誉。因此，赚到第一桶金后应该加强法律意识和合规经营意识，确保公司合法合规经营。

综上所述，赚到第一桶金是创业道路上的重要转折点。在这个阶段，创业者需要保持清醒的头脑和谨慎的态度，避免过度扩张、盲目投资、过度消费、骄傲自满和忽视法律风险等陷阱。只有这样，才能确保公司稳健发展，并持续走向更加美好的未来。

➤ 很少有人能承受的"三连击"

毋庸置疑,在创业过程中,挑战与困难层出不穷。其中,有一些打击对创业者来说是致命的,它们可能独自发生,也可能同时发生,形成"三连击",使得创业者承受巨大的压力与考验。本节将通过列举公司案例来探讨创业者鲜少能承受的"三连击",揭示它们造成的影响,并给出相应的应对之策。

1. 资金链断裂的致命一击

资金是创业过程中不可或缺的要素,因此,资金链断裂往往成为创业者的噩梦。当公司面临资金短缺时,往往意味着无法继续维持正常的生产和运营,导致公司陷入困境。这种打击对于初创公司来说尤为致命,因为它们通常没有足够的资金储备来应对突发情况。

某科技公司凭借其独特的技术优势,在创业初期迅速获得了市场的认可。然而,随着公司规模的扩大和业务的拓展,资金需求不断增加。由于未能及时获得新的融资,公司资金链出现了断裂。最终,由于缺乏足够的资金支持,导致该公司无法继续运营而走向破产。这个案例表明,资金链断裂对于创业者和其公司而言是一个致命的打击,必须引起足够的重视。

2. 市场变化的突然袭击

市场是创业过程中另一个重要的因素,然而,市场的变化往往难以预测,一旦市场发生突变,创业者可能面临巨大的挑战。市场变化可能包括消费者需求的变化、竞争对手的崛起、政策调整等,这些变化都可能对公司的生产经营产生重大影响。

某餐饮企业在创业初期凭借其独特的口味和优质的服务迅速俘获了顾客的味蕾。然而，随着市场竞争的加剧和消费者口味需求的变化，该公司逐渐失去了市场份额。同时，新冠疫情的暴发和政策的调整也对餐饮行业产生了影响，使得该公司的经营更加困难。最终，由于无法应对市场的巨大变化而彻底陷入困境。这个案例告诉我们，市场变化对于创业者而言是一个巨大的挑战，必须时刻保持警惕并灵活应对。

3.团队解散的沉重打击

团队是创业过程中最宝贵的资源之一，因此，团队解散往往是创业者难以承受的打击。团队解散可能由于内部矛盾、人才流失、核心成员离职等原因导致，使得公司的运营和发展受到严重的影响。

某游戏公司在创业初期凭借其创新的游戏理念和优秀的团队很快在市场上赢得了一席之地。然而，随着项目的推进和市场竞争的加剧，公司内部出现了严重的矛盾。一些核心成员因为对公司的经营理念和管理方式不满而选择离开。最终，团队因剩余成员无法达成一致意见而被迫解散，使得公司所有项目停滞。这个案例表明，团队解散对于创业者而言是极大的威胁，可能导致公司无法继续运营和发展。

既然"三连击"对创业者的经营有如此严重的负面影响，那么就必须想办法规避，即便不能全部规避，也要尽己所能地去规避。那么，面对"三连击"的挑战，创业者需要采取哪些策略来应对呢？

（1）稳健的财务管理措施。创业者应该注重财务管理，确保公司有足够的资金储备来应对突发情况。同时，要合理规划资金使用，避免过度扩张和盲目投资导致资金链断裂。

（2）敏锐的市场洞察力。创业者需要保持敏锐的市场洞察力，时刻关注市场变化和趋势。通过市场调研和分析，及时调整公司战略和产品策略，来适应市场的变化。

（3）强大的团队建设和凝聚力。创业者应该注重团队建设和凝聚力，建立良好的团队文化和激励机制。通过有效的沟通和协调，解决内部矛盾，避免人才流失和团队解散的情况发生。

（4）极强的法律风险防范意识。创业者应该加强法律意识，确保公司合法合规经营。通过签订规范的合同、保护知识产权等方式，降低法律风险对公司的影响。

总而言之，创业"三连击"是创业者在创业过程中鲜少能承受的打击，无论它们单独出现还是同时发生，都会给创业者带来致命的压力和打击。然而，通过采取稳健的财务管理措施、敏锐的市场洞察力、强大的团队建设和凝聚力以及极强的法律风险防范等策略，创业者可以在一定程度上规避"三连击"。虽然创业的道路充满坎坷，但只要创业者保持坚定的信念和不懈的努力，就一定能够克服困难并取得成功。同时，我们也应该意识到，创业并不是一场孤军奋战，而是需要全社会的支持和帮助。因此，只有社会各方面都进步，才能为创业者营造一个良好的创业环境。

▶ 高杠杆运营引发的经营危机

在创业浪潮中，初创公司常常为了迅速扩大市场份额和加快增长速度，选择采用高杠杆运营模式。然而，高杠杆运营模式如同一把"双刃剑"，虽然短期内能为公司带来显著的扩张效果，但长期来看却可能隐藏着巨大的经营风险。

高杠杆运营是指公司在资本结构中大量使用债务融资，来提高公司的资本收益率。这种模式通过加大财务杠杆，使公司在较小的资本投入下实现较大的经营规模。然而，高杠杆运营也意味着公司面临着更高的偿债压力和财务风险。一旦市场环境发生变化或公司经营出现问题，高杠杆运营模式很容易使公司面临经营危机。高杠杆运营引发的经营危机具体可体现为以下几点。

（1）偿债压力增大。高杠杆运营模式下，公司负债率高企，每年需要支付的利息和本金数额巨大。当市场环境发生变化或公司经营出现问题时，公司的偿债能力将受到严重影响。随着偿债压力的增大，公司可能不得不通过借新还旧、压缩经营规模等方式来维持运转，但这将进一步加剧公司的财务困境。

（2）资金链断裂风险。高杠杆运营模式下，公司的资金链相对脆弱。一旦资金链条出现断裂，公司将面临巨大的经营风险。例如，公司可能无法按时支付供应商货款、员工工资等费用，导致公司信誉受损、经营困难甚至倒闭。

（3）利润波动加大。高杠杆运营模式下，公司的利润受到市场环境和经营状况的双重影响，当两者中的一个出现问题或两者皆出现问题时，公司的利润将出现大幅波动。这种波动不仅会影响公司的盈利能力，还可能影响公司的市场形象和投资者信心。

（4）财务风险增加。由于公司大量使用债务融资，也就意味着基本丧失了抵抗风险环境变化和经营风险的能力，公司的财务危机随时可能会因为环境变化和经营风险而暴露出来。例如，公司可能面临贷款违约、债权人追偿等风险，这些风险将给公司带来严重的财务损失。

乐视网曾是中国互联网视频行业的领军企业之一。然而，乐视网在快速扩张的过程中，大量采用高杠杆运营模式进行融资和投资。随着市场环境的变化和乐视网自身经营问题的出现，乐视网陷入了严重的经营危机。资金链断裂、供应商欠款、员工工资拖欠等问题的出现，导致乐视网信誉受损、市场份额下滑，最终因无法偿还巨额债务而走向破产。

OFO曾是国内共享单车行业搅动风云的企业之一。为了抢占共享单车市场，实现快速扩张，OFO选择高杠杆运营模式。然而，随着新兴市场的竞争日益加剧，共享单车行业政策也随之调整，OFO的经营状况逐渐恶化。首先是管理越发混乱，然后是资金链断裂，再往后便是用户押金难退等问题频发，最终导致OFO陷入经营危机，无法偿还巨额债务而破产。

通过以上阐述，我们已经了解了高杠杆运营对于公司尤其是初创公司可能造成的经营危机。那么，作为抵抗风险能力薄弱的初创公司，应该如何避免高杠杆运营引发的经营危机呢？核心无外乎以下四点，虽然不能适用全部初创公司，但仍可做一参考。

首先，合理规划资本结构。初创公司必须根据自身的经营状况和市场需求，合理规划资本结构。在融资过程中，应充分考虑债务融资和股权融资的比例，避免过度依赖债务融资导致的高杠杆运营模式。

其次，加强财务管理。初创公司必须加强财务管理，确保公司的财务状况良好。在资金管理、成本控制、风险管理等方面做好充分准备，提高公司的财务稳健性。

再次，谨慎扩张和投资。初创公司在扩张和投资过程中应谨慎行事，避免盲目扩张和过度投资。应根据市场需求和自身实力，制订合理的扩张和投资计划，确保公司的可持续发展。

最后，建立健全风险管理机制。初创公司应建立健全风险管理机制，对公司的各种风险进行及时的识别和评估，并采取有效措施来控制和降低风险。

综上所述，初创公司应充分认识高杠杆运营模式的潜在风险，并采取相应的措施来避免经营危机的发生。只有保持稳健的经营策略和财务管理水平，才能实现公司的长期稳定发展。

➤ 重大风险发生后，唯有断臂求生

初创公司常常面临着各种挑战和风险，在企业遭遇重大风险时，如何快速应对、减少损失并找到新的生存之路，是每个创业者都必须思考的问题。

初创公司在成长过程中，由于其规模较小、资金有限、资源有限等特点，往往更容易受到外部环境的影响。当遭遇重大风险时，如市场需求突变、政策调整、竞争对手打压等，公司的正常运营和发展可能会受到严重冲击。此时，如果公司继续按照原有的计划和策略前进，可能会面临更大的风险和损失。因此，断臂求生成为一种必要的选择。

断臂求生意味着公司在遭遇重大风险后，需要果断地放弃一些无法继续经营或盈利的业务或项目，集中资源和精力去发展那些具有竞争优势和潜力的新业务或项目。通过这种方式，公司可以减少损失、降低风险，并为未来的发展奠定新的基础。断臂求生的具体方法步骤如下。

第一步，识别风险。在断臂求生之前，公司首先需要准确识别当前面临的风险，包括分析市场环境、竞争态势、政策变化等因素，了解风险产生的原因和影响程度。只有准确识别风险，才能有针对性地制定应对策略。

第二步，果断决策。在识别风险后，公司需要果断地做出决策，包括决定是否要放弃某些业务或项目，如何调整公司的战略方向，如何重新配置资源和资金等。在决策过程中，公司需要充分考虑自身的实际情况和市场环境，以确保决策的合理性和可行性。

第三步，精准实施。在决策制定后，公司需要精准地实施断臂求生策略，包括与供应商、客户、员工等相关方进行充分沟通，确保他们理解并支持公司的决策。同时，公司还需要制订详细的实施方案和时间表，以确保各项措施能够得到有效执行。

第四步，持续监控。在实施断臂求生的策略后，公司需要持续监控市场环境和自身经营状况的变化。如果发现新的风险或问题，公司需要及时调整策略并采取相应的措施。通过这种方式，公司可以不断适应市场变化并找到新的发展机遇。

瑞幸咖啡是中国知名的咖啡连锁品牌之一。然而，在快速发展的过程中，该公司也遭遇了一些挑战和问题。为了应对这些问题和挑战，瑞幸咖啡果断采取了关闭亏损门店的策略。通过关闭那些经营不善、盈利能力较差的门店，瑞幸咖啡成功地优化了自身的经营结构并降低了成本。同时，瑞幸咖啡还加大了对优质门店的投入力度，提高了整体的服务质量和客户满意度。通过上述措施的实施，瑞幸咖啡成功地实现了扭亏为盈，并保持了稳健的发展态势。

从上述阐述与案例中可以看到，断臂求生对于初创公司是一种必要的生存策略。在面对重大风险时，公司需要果断地放弃那些低质或亏本的业务或项目，集中资源去发展那些具有自身优势和潜力的业务或项目，目的就是减少损失、降低风险，为未来的发展奠定新的基础。同时，创业者也必须明白，断臂求生并不是一种简单的放弃，而是需要公司具备准确的判断力和果敢的决策力，以及精细的实施和持续的监控能力。唯有如此，公司才能在遭遇重大风险后快速应对，找到新的发展机遇，并保持稳健的发展态势。

总而言之，创业者必须时刻保持冷静、果敢和坚韧不拔的精神，采用正确的策略和方法去应对挑战和风险，和公司一起渡过难关，实现自身的发展目标。断臂求生虽然是一种痛苦的选择，但也是一种必要的选择。当公司面临生存危机时，创业者只有勇敢地面对挑战并采取正确的策略和方法，才能带领公司走出困境，同时真正实现自身的价值和意义。